レントゲンに関係《かんけい》した地域《ちいき》

ドイツで生《う》まれたレントゲンに関係《かんけい》した場所《ばしょ》とできごとを記《しる》した地図《ちず》です。

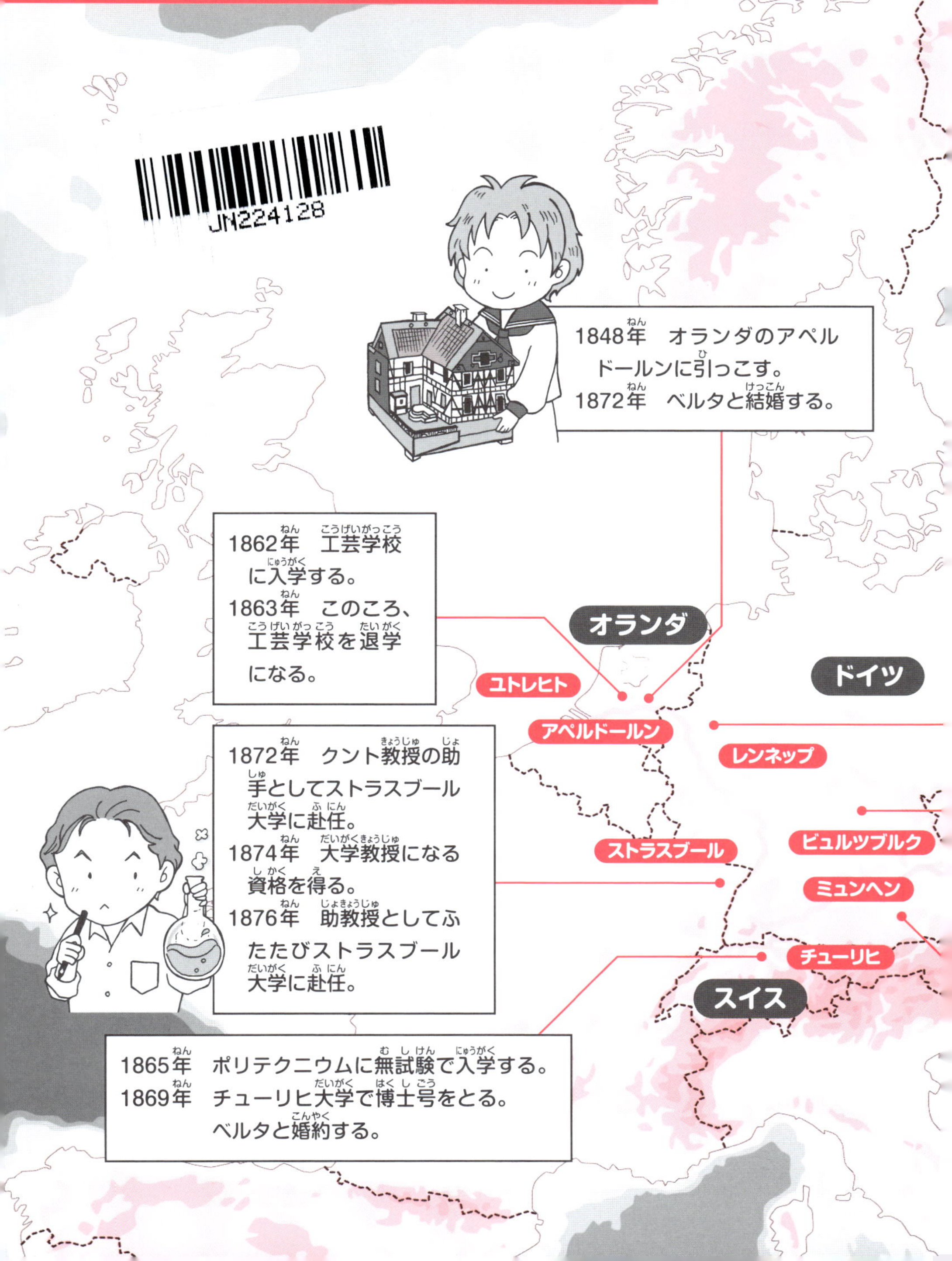

1848年《ねん》　オランダのアペルドールンに引《ひ》っこす。
1872年《ねん》　ベルタと結婚《けっこん》する。
1862年《ねん》　工芸学校《こうげいがっこう》に入学《にゅうがく》する。
1863年《ねん》　このころ、工芸学校《こうげいがっこう》を退学《たいがく》になる。
オランダ
ドイツ
ユトレヒト
アペルドールン
レンネップ
1872年《ねん》　クント教授《きょうじゅ》の助手《じょしゅ》としてストラスブール大学《だいがく》に赴任《ふにん》。
1874年《ねん》　大学教授《だいがくきょうじゅ》になる資格《しかく》を得《え》る。
1876年《ねん》　助教授《じょきょうじゅ》としてふたたびストラスブール大学《だいがく》に赴任《ふにん》。
ストラスブール
ビュルツブルク
ミュンヘン
チューリヒ
スイス
1865年《ねん》　ポリテクニウムに無試験《むしけん》で入学《にゅうがく》する。
1869年《ねん》　チューリヒ大学《だいがく》で博士号《はくしごう》をとる。
ベルタと婚約《こんやく》する。

コミック版
世界の伝記
㊴

レントゲン

漫画：フカキ ショウコ　監修：岡田晴恵（白鷗大学教育学部教授）

コミック版
世界の伝記㊴

レントゲン

目次《もくじ》

ためになる学習資料室《がくしゅうしりょうしつ》

※この作品は、歴史文献をもとにまんがとして再構成したものです。

登場人物紹介《とうじょうじんぶつしょうかい》

ウィルヘルム・コンラッド・レントゲン

物理学者《ぶつりがくしゃ》。ドイツに生《う》まれ、オランダで少年時代《しょうねんじだい》をすごした。スイスの学校《がっこう》で学《まな》んでいたときに物理学者《ぶつりがくしゃ》・クントと出《で》あい、物理学《ぶつりがく》の道《みち》をこころざす。ひたむきな性格《せいかく》で物理実験《ぶつりじっけん》にはげみ、X線《エックスせん》を発見《はっけん》した。その功績《こうせき》により、初《はつ》のノーベル物理学賞《ぶつりがくしょう》を受賞《じゅしょう》する。

シャルロッテ

ウィルヘルムの母《はは》。ウィルヘルムを深《ふか》く信頼《しんらい》し、その成長《せいちょう》をあたたかく見守《みまも》る。

ベルティリィ

ベルタの弟《おとうと》の娘《むすめ》で、のちにウィルヘルム夫婦《ふうふ》の養女《ようじょ》となる。

ヤン・フニング

ウィルヘルムの通《かよ》ったオランダの学校《がっこう》の教授《きょうじゅ》であり、下宿先《げしゅくさき》の主人《しゅじん》。家族《かぞく》のようにウィルヘルムの世話《せわ》をする。

カール・トルーマン

ウィルヘルムがオランダの大学《だいがく》で出《で》あった青年《せいねん》。ウィルヘルムに、新《あら》たな進路《しんろ》を助言《じょげん》する。

フリードリヒ

ウィルヘルムの父《ちち》。織物工場《おりものこうじょう》を経営《けいえい》し、精巧《せいこう》な工芸品《こうげいひん》をコレクションする。手先《てさき》が器用《きよう》で、ウィルヘルムに手作《てづく》りの模型《もけい》をおくる。

アンナ・ベルタ

学生街《がくせいがい》の居酒屋《いざかや》「緑盃軒《りょくはいけん》」の主人《しゅじん》の娘《むすめ》。よき相談相手《そうだんあいて》として、ウィルヘルムとの絆《きずな》を深《ふか》め、のちに結婚《けっこん》。生涯《しょうがい》にわたり彼《かれ》をささえる。

アウグスト・クント

ウィルヘルムを物理《ぶつり》学《がく》の道《みち》へさそった若《わか》き教授《きょうじゅ》。ウィルヘルムの素質《そしつ》を見《み》ぬき、みずからの助手《じょしゅ》として指導《しどう》する。

第《だい》1章《しょう》　満《み》ち足《た》りた少年時代《しょうねんじだい》

一九〇一年《ねん》十二月十日《がつとおか》
スウェーデンの町《まち》
ストックホルムで
記念《きねん》すべき※第《だい》1回《かい》
ノーベル物理学賞《ぶつりがくしょう》の
授賞式《じゅしょうしき》がおこなわれました
それでは
ノーベル物理学賞《ぶつりがくしょう》
受賞者《じゅしょうしゃ》を紹介《しょうかい》します

※人類《じんるい》の進歩《しんぽ》と平和《へいわ》に貢献《こうけん》した人《ひと》びとをたたえる「ノーベル賞《しょう》」のうち、物理学《ぶつりがく》の分野《ぶんや》でその年《とし》にもっともすぐれた業績《ぎょうせき》をのこした人《ひと》におくられる賞《しょう》

ALFR-
NOBEL
受賞者《じゅしょうしゃ》の名《な》は ウィルヘルム・
コンラッド・レントゲン
ものを透《す》かして見《み》ることが
できる「X線《エックスせん》」を発見《はっけん》した
科学者《かがくしゃ》です
世界中《せかいじゅう》をおどろかせ
「レントゲン写真《しゃしん》」の
名前《なまえ》のゆらいともなった
この科学者《かがくしゃ》は どんな人物《じんぶつ》
だったのでしょうか

一八四五年《ねん》三月《がつ》二十七日《にち》
プロイセン（現在《げんざい》のドイツ）
西部《せいぶ》の町《まち》 レンネップ
心配《しんぱい》だ心配《しんぱい》だ
ああ ああ 心配《しんぱい》だよ
うろ うろ
おやめ！ 親戚《しんせき》みんな来《き》てるんだから 少《すこ》しは落《お》ちつきなさいよ
そんなこといったって おばさん！
ウィルヘルムの父《ちち》
フリードリヒ 44歳《さい》

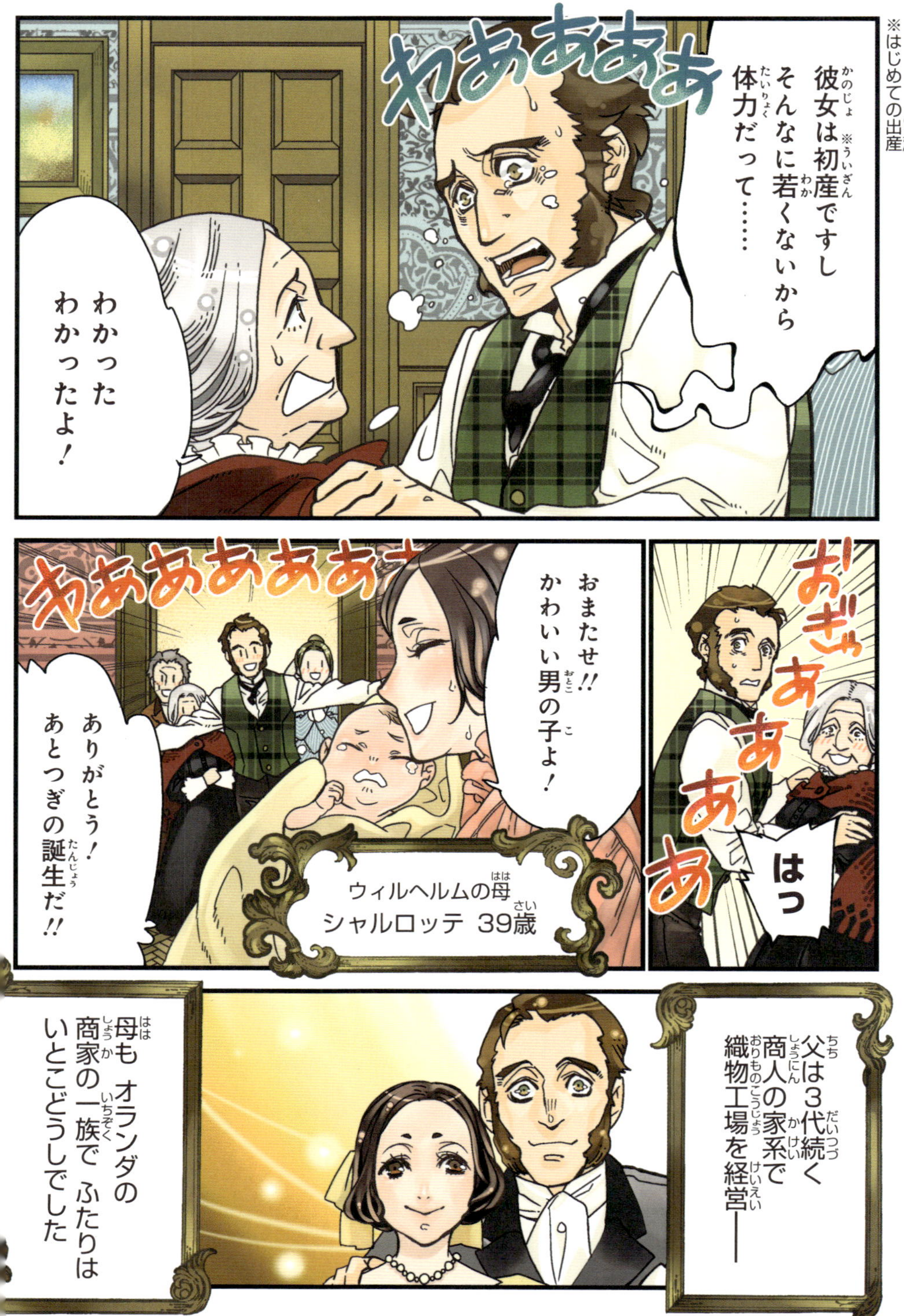
※はじめての出産《しゅっさん》
彼女《かのじょ》は初産《ういざん》ですし そんなに若《わか》くないから 体力《たいりょく》だって……
わあああああ
わかった わかったよ！
おぎゃあああああ
はっ
おまたせ!! かわいい男《おとこ》の子《こ》よ！
わあああああああ
ありがとう！ あとつぎの誕生《たんじょう》だ!!
ウィルヘルムの母《はは》 シャルロッテ 39歳《さい》
父《ちち》は3代続《だいつづ》く 商人《しょうにん》の家系《かけい》で 織物工場《おりものこうじょう》を経営《けいえい》――
母《はは》も オランダの 商家《しょうか》の一族《いちぞく》で ふたりは いとこどうしでした

ああ 元気《げんき》な いい子《こ》だね！
みんな!! 今日《きょう》は お祝《いわ》いだ！
親戚一同《しんせきいちどう》の祝福《しゅくふく》をうけて 生《う》まれた赤《あか》ん坊《ぼう》は ウィルヘルムと名《な》づけられ
ひとり息子《むすこ》として 大切《たいせつ》に育《そだ》てられたのでした

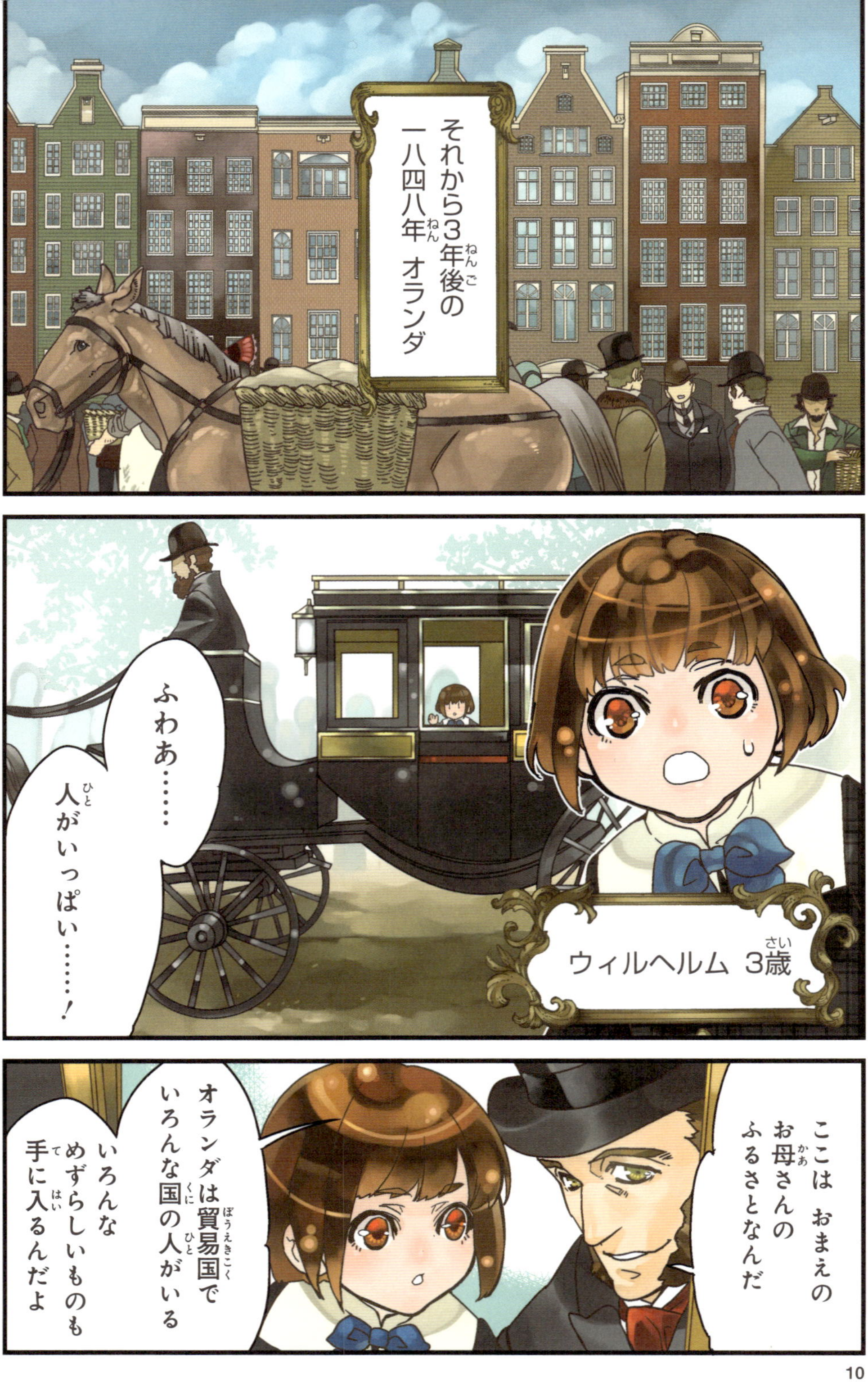

それから3年後《ねんご》の一八四八年《ねん》 オランダ
ふわあ……人《ひと》がいっぱい……!
ウィルヘルム 3歳《さい》
ここは おまえのお母《かあ》さんのふるさとなんだ
オランダは貿易国《ぼうえきこく》でいろんな国《くに》の人《ひと》がいる
いろんなめずらしいものも手《て》に入《はい》るんだよ

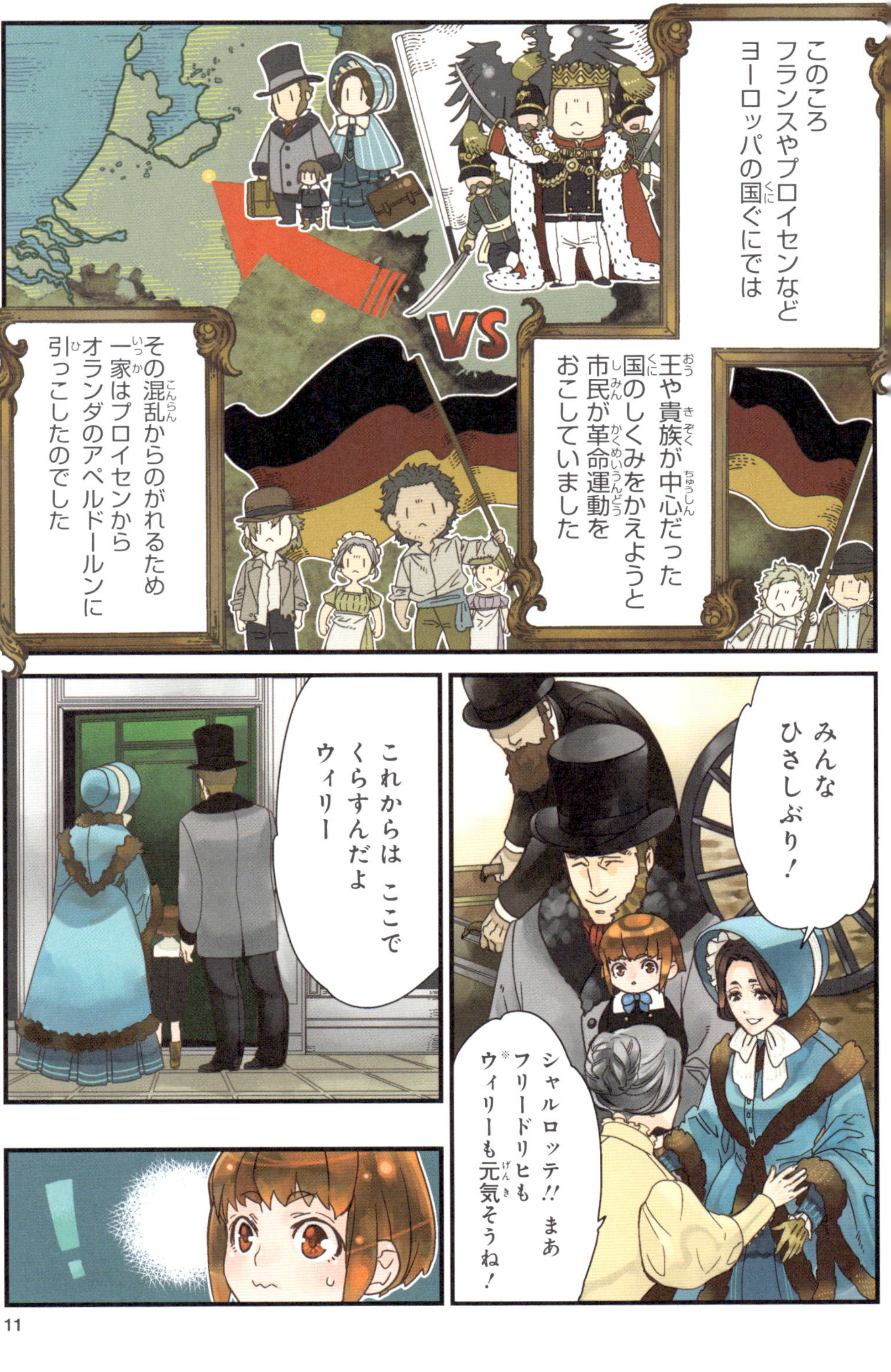
このころ フランスやプロイセンなど ヨーロッパの国《くに》ぐにでは
王《おう》や貴族《きぞく》が中心《ちゅうしん》だった 国《くに》のしくみをかえようと 市民《しみん》が革命運動《かくめいうんどう》を おこしていました
VS
その混乱《こんらん》からのがれるため 一家《いっか》はプロイセンから オランダのアペルドールンに 引《ひ》っこしたのでした
みんな ひさしぶり！
シャルロッテ!! まあ フリードリヒも ※ウィリーも元気《げんき》そうね！
これからは ここで くらすんだよ ウィリー
！

※ウィルヘルムの愛称《あいしょう》

ドドン
ドン
ドン
これは なあに？
お父《とう》さん
これは みんな
父《とう》さんが集《あつ》めた
コレクションさ
すてきだろう？
どれも見事《みごと》な細工《さいく》の
ものばかりさ！
裕福《ゆうふく》だった
父《ちち》・フリードリヒは
手《て》のこんだ家具《かぐ》や工芸品《こうげいひん》を
コレクションしていました
ウィルヘルムは
こうした見事《みごと》な
工芸品《こうげいひん》と——

オランダ郊外《こうがい》のゆたかな自然《しぜん》にかこまれて育《そだ》ちました
ウィルヘルム 5歳《さい》
ウィリー! お父《とう》さんがよんでいるわ
お父《とう》さんが!?

おぼえているかなウィリー？レンネップの おまえが生《う》まれた家《いえ》の模型《もけい》だよ！
わ……わわっすごい!!
思《おも》い出《で》がたくさんつまった家《いえ》だったからのこしておきたくてね

家《いえ》のなかも
本物《ほんもの》そっくりだぞ！
ほらっ
ぱかっ
おおお
これ全部《ぜんぶ》
お父《とう》さんが
つくったの？
そうさ！
父《とう》さん
こういう工作《こうさく》は
とくいだからね！
すごいや！
ぼくも こんなの
つくってみたいなあ！
父《ちち》・フリードリヒの
家系《かけい》には 手先《てさき》の
器用《きよう》さが必要《ひつよう》な
細工職人《さいくしょくにん》などもいて
その器用《きよう》さは
父《ちち》にも うけつがれて
いました

ウィリーはお父《とう》さん似《に》だから
こまかいものをつくる人《ひと》になるかもしれないわね

その言葉通《ことばどお》りウィルヘルムにもうけつがれた手先《てさき》の器用《きよう》さは
のちに物理学《ぶつりがく》の実験器具《じっけんきぐ》をつくる際《さい》におおいに役立《やくだ》つことになるのでした

それからも
ウィルヘルムは
夏《なつ》は
魚釣《さかなつ》りに川遊《かわあそ》び
冬《ふゆ》は 凍《こお》った
運河《うんが》でスケートを
楽《たの》しむなど
のびのびと
成長《せいちょう》していったの
でした

やがてアペルドールンの小学校《しょうがっこう》に入学《にゅうがく》したウィルヘルムでしたが
行《い》っちゃうのかウィリー
さびしくなるなぁ
ぼくもだよ 手紙《てがみ》を書《か》くね
さらに上級《じょうきゅう》の学校《がっこう》を受験《じゅけん》するために全寮制《ぜんりょうせい》の寄宿学校《きしゅくがっこう》に転校《てんこう》します
一八六二年《ねん》受験勉強《じゅけんべんきょう》のかいもありオランダ・ユトレヒトの※工芸学校《こうげいがっこう》に入学《にゅうがく》
ヤン・フニング教授《きょうじゅ》の家《いえ》に下宿《げしゅく》するようになりました
学校《がっこう》には なれたかな? ウィリー

※現在《げんざい》の高等学校《こうとうがっこう》や、高等専門学校《こうとうせんもんがっこう》にあたる学校《がっこう》

はい!! もうすっかり!
ウィルヘルム 17歳《さい》
それは なによりだね
さびしがりやの少年《しょうねん》も すっかり学生《がくせい》に なったねえ
ご両親《りょうしん》とはなれるとき 涙《なみだ》ぐんでいたとは 思《おも》えないくらいだ
工芸学校教授《こうげいがっこうきょうじゅ》
ヤン・フニング
うう…… やめてくださいよ 教授《きょうじゅ》!!
そうよ お父《とう》さん

ウィリーは
もうすっかり
ユトレヒトっ子《こ》よ
なんせ この私《わたし》が
町《まち》のことを
教《おし》えたんですから
フニング教授《きょうじゅ》の娘《むすめ》
ヨー
ご安心《あんしん》
くださいな！
ヨー!! なにが
「ご安心《あんしん》」ですか！
フニング教授《きょうじゅ》の妻《つま》
エリス
知《し》っていますよ
あなたたち
乗馬《じょうば》にスケート！
休日《きゅうじつ》は 遊《あそ》んで
ばかりでしょう
まあまあ エリス
ウィリーはね
調子《ちょうし》にのりやすい
ところもあるが
成績《せいせき》は
優秀《ゆうしゅう》なんだよ

ELEMENTS
ウィルヘルムが入学《にゅうがく》した工芸学校《こうげいがっこう》は大学入学《だいがくにゅうがく》のための学問《がくもん》を教《おし》えていて
学生《がくせい》たちはそこで数学《すうがく》や化学《かがく》 そして物理学《ぶつりがく》を学《まな》びました
Silver
Gold
Soda 28
Platina
Mercury
ウィリー 私《わたし》も 遊《あそ》ぶな とは いわないわ でも……
勉強《べんきょう》も遊《あそ》びもけじめをつけてやりなさいね
はい……
Arithmeticorum Liber II.
数学《すうがく》と化学《かがく》の評価《ひょうか》は最高《さいこう》の「5」もんくなしだ
ただ 物理学《ぶつりがく》は「2」これは もう少《すこ》し がんばらないとな
ははは
気分転換《きぶんてんかん》してるから成績《せいせき》がいいんだと思《おも》うけどなあ
もう!! ヨーったら!

第《だい》2章《しょう》　苦境《くきょう》と希望《きぼう》
ウィルヘルムが2年生《ねんせい》になった冬《ふゆ》のこと
ウィリー！　後期《こうき》の授業《じゅぎょう》がおわったらスキーに行《い》こうぜ!!
いいねえ　行《い》こう　行《い》こう！
どうされました先生《せんせい》？　休《やす》みの前《まえ》に学生《がくせい》たちがうかれるのはいつものことですよ
教師《きょうし》としてはなげかわしいかぎりですがね！
彼《かれ》らは学生《がくせい》の本分《ほんぶん》をわかっていない

とくに あのレントゲン 成績《せいせき》がよいからと 思《おも》い あがって遊《あそ》んでばかり
ダメ学生《がくせい》の 代表《だいひょう》ですよ!!
うー 寒《さむ》い!! 雪《ゆき》がふって きそうだなあ
わあ
わあ
なにしてるんだ みんな?

見《み》ろよ ウィリー
スペールマンが
描《か》いたんだぜ
どうかな？
うまくできたと
思《おも》うんだけど
へぇ！ こりゃあ
けっさくだ!!
だいたい あの先生《せんせい》は
カタブツすぎるよな
休日《きゅうじつ》 どこに行《い》くか
話《はな》してるだけなのに
「うわつくな!!」ってさ
いまどき
修道士《しゅうどうし》だって あんな
こといわないぜ

休日《きゅうじつ》に楽《たの》しく 遊《あそ》ぶから 勉強《べんきょう》にも 身《み》が入《はい》るのにな
なー!!
なにをしゃべっている もう授業《じゅぎょう》がはじま――
!
――きみたちは いったい なにをしに 学校《がっこう》に来《き》ているのかね
これから大学《だいがく》へ行《い》こう という学生《がくせい》には とても見《み》えんな!

それで？
あのラクガキの犯人《はんにん》は　だれだ
きみか？ レントゲンくん
先生《せんせい》　描《か》いたのはぼくではありません
ではだれかね？

まったく たいした才能《さいのう》だ 学生《がくせい》なんかやめて
絵描《えか》きに なればいい
退学《たいがく》だ 退学《たいがく》
私《わたし》が 校長《こうちょう》に そう伝《つた》えてあげよう 描《か》いたのは だれだね？
答《こた》えられません
ぼくは 裏切《うらぎ》り者《もの》には なりたくないのです
ウィリー……
こうして 友人《ゆうじん》をかばった ウィルヘルムでしたが その代償《だいしょう》は大《おお》きく——

ウィリーが退学《たいがく》だって!?
しらせをうけた両親《りょうしん》はいそいでフニング教授《きょうじゅ》のもとにむかいました
どういうことでしょう? あの子《こ》は いったいなにを……?
友人《ゆうじん》のいたずらをかばったようです……退学《たいがく》はきびしすぎると
学校側《がっこうがわ》には何《なん》度《ど》も交渉《こうしょう》したのですが……
そんな……

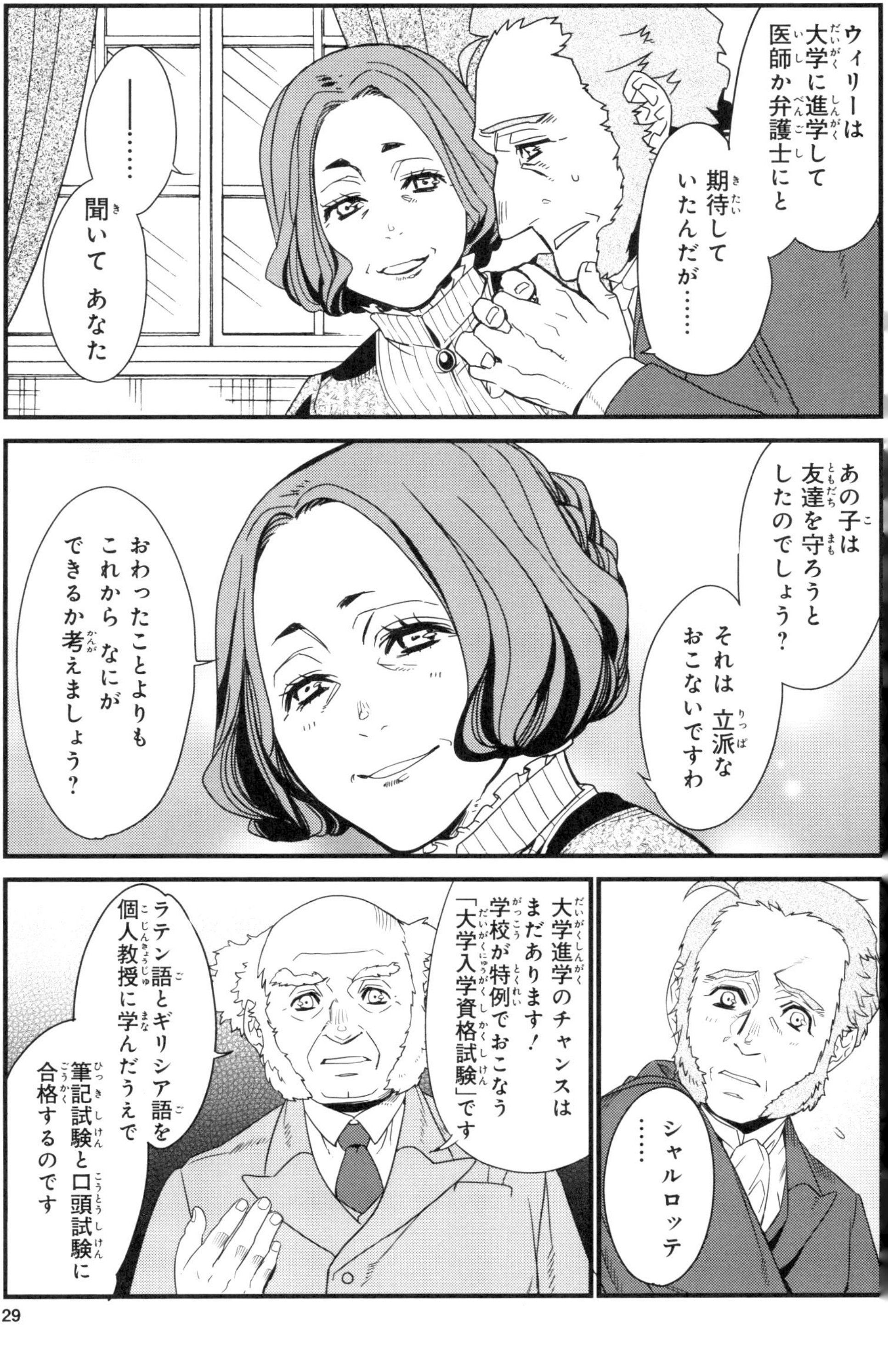
ウィリーは大学《だいがく》に進学《しんがく》して医師《いし》か弁護士《べんごし》にと
期待《きたい》していたんだが……
――……聞《き》いて あなた
あの子《こ》は友達《ともだち》を守《まも》ろうとしたのでしょう？
それは 立派《りっぱ》なおこないですわ
おわったことよりもこれから なにができるか考《かんが》えましょう？
シャルロッテ……
大学進学《だいがくしんがく》のチャンスはまだあります！学校《がっこう》が特例《とくれい》でおこなう「大学入学資格試験《だいがくにゅうがくしかくしけん》」です
ラテン語《ご》とギリシア語《ご》を個人教授《こじんきょうじゅ》に学《まな》んだうえで筆記試験《ひっきしけん》と口頭試験《こうとうしけん》に合格《ごうかく》するのです

ウィルヘルムはさっそく大学《だいがく》入学《にゅうがく》資格《しかく》試験《しけん》のための勉強《べんきょう》にとりかかりました
語学《ごがく》は あまりおもしろいと思《おも》えないんですが……
好《す》ききらいをいっている場合《ばあい》じゃないだろう!
1年《ねん》以上《いじょう》の勉強《べんきょう》をへて試験《しけん》の日《ひ》――
どうだい? ウィリー
フニング先生《せんせい》

まかせてください
自信《じしん》があります！
もともと頭脳明晰《ずのうめいせき》だったウィルヘルムは筆記試験《ひっきしけん》で優秀《ゆうしゅう》な成績《せいせき》をおさめます
そして 試験官《しけんかん》の質問《しつもん》にその場《ば》で答《こた》える口頭試験《こうとうしけん》――
筆記《ひっき》はだいじょうぶ！あとは口頭試験《こうとうしけん》さえパスすれば……!!
！

カッ
ひさしぶりだね レントゲンくん
いやあ 今回《こんかい》の試験《しけん》 担当教授《たんとうきょうじゅ》が急病《きゅうびょう》でね
私《わたし》が代理《だいり》でうけもつ ことになったんだ

──さっそく試験《しけん》をはじめようか
このときの試験《しけん》の内容《ないよう》はよくわかっていませんがウィルヘルムを退学《たいがく》においやった この教授《きょうじゅ》は
あからさまな難問《なんもん》をウィルヘルムにぶつけたといわれています
結果《けっか》は不合格《ふごうかく》──
──ウィリー 力《ちから》になれなくてすまない

不運《ふうん》でしたが しかたありません
私《わたし》は 来年《らいねん》から アムステルダムの学校《がっこう》で 教《おし》えることになった
ウィリーは これから どうするつもりだい?
とりあえず ユトレヒト大学《だいがく》に ※聴講生《ちょうこうせい》として 通《かよ》おうかと……
学《まな》ぶのは好《す》きです あきらめたく ありません
当時《とうじ》の大学《だいがく》は 最初《さいしょ》の 学期末試験《がっきまつしけん》までは 正式《せいしき》な学生《がくせい》でなくても 通《かよ》うことができたのです

※大学《だいがく》などで、学校《がっこう》に在籍《ざいせき》はしていないが、講義《こうぎ》をうけることをゆるされた者《もの》

……はあ

スペールマンをかばったことを後悔《こうかい》はしていない
でも このままじゃ大学《だいがく》に進《すす》めず 家《いえ》にもどることになる
父《とう》さんと母《かあ》さんにお金《かね》を出《だ》してもらっておいて道《みち》がひらけないなんて……
おい きみ おーい！
もう講義《こうぎ》はおわってるよ？
あ
これは ありがとう 考《かん》えごとをしていて つい……

なるほどなあ そりゃ確《たし》かに たいへんだったね
ユトレヒト大学生《だいがくせい》
カール・トルーマン
しゅん…
ええ そのせいか 講義《こうぎ》にも 身《み》が入《はい》らなくて
ふむ
そういうことなら スイスの チューリヒにある
「ポリテクニウム」に チャレンジして みるのはどうだい？
ポリテクニウム？
ポリテクニウムとは 現在《げんざい》のチューリヒ 工科大学《こうかだいがく》のもとに なった学校《がっこう》で
正式《せいしき》な大学《だいがく》ではないものの 大学《だいがく》と同等《どうとう》のあつかいで 高校《こうこう》を卒業《そつぎょう》していなくても 入学《にゅうがく》できたのです

ただし 入学試験《にゅうがくしけん》の
レベルは 非常《ひじょう》に高《たか》い
どうだい？
大学《だいがく》に聴講生《ちょうこうせい》として
通《かよ》うくらい勉強《べんきょう》が好《す》きなら
やってみて損《そん》はないだろ？
ありがとう!!
カールくん！
ぼく やってみるよ
まだまだ道《みち》は
あったんだね!!
うおおおおお
おお…
がんばれよ〜
ウィルヘルムは
さっそく入学願書《にゅうがくがんしょ》を
書《か》きあげ
工芸学校時代《こうげいがっこうじだい》の
成績表《せいせきひょう》とともに
おくったのでした
現在《げんざい》はユトレヒト大学《だいがく》の
聴講生《ちょうこうせい》をしておりますが
よりよい環境《かんきょう》で
学問《がくもん》 とくに数学《すうがく》を
学《まな》びたいのです と

ウィリーくん 成績《せいせき》いいなあ!!
これなら問題《もんだい》なく 入学《にゅうがく》できるだろ!
本当《ほんとう》かい? カールくん 心強《こころづよ》いなあ!
ひとつダメになっても また別《べつ》の道《みち》がある!! だいじょうぶだ!
しかし チューリヒで ポリテクニウムの試験《しけん》が おこなわれる直前《ちょくぜん》
先生《せんせい》!! なんとか なりませんか!?
どうしても 試験《しけん》をうけに スイスに行《い》かないと いけないんです!
レントゲンくん きみは※角膜炎《かくまくえん》 なんだよ?
スイス行《い》きなんて とんでもない!
失明《しつめい》したいの かね!?

※眼球《がんきゅう》の一部《いちぶ》である角膜《かくまく》が炎症《えんしょう》をおこす病気《びょうき》。悪化《あっか》すれば視力《しりょく》の低下《ていか》や失明《しつめい》の危険《きけん》もある

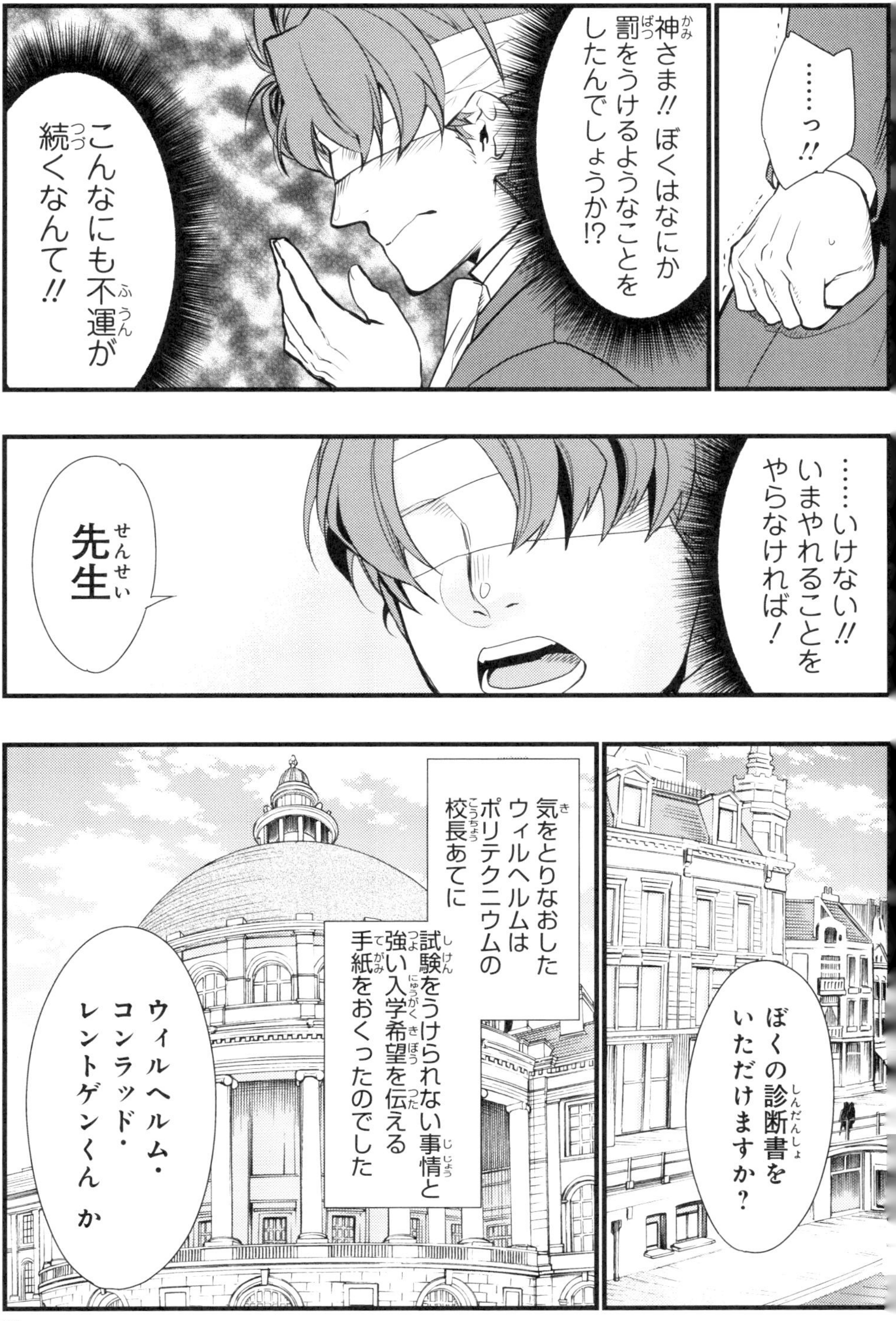
……っ!!
神《かみ》さま!! ぼくはなにか罰《ばつ》をうけるようなことをしたんでしょうか!?
こんなにも不運《ふうん》が続《つづ》くなんて!!
……いけない!! いまやれることをやらなければ!
先生《せんせい》
ぼくの診断書《しんだんしょ》をいただけますか?
気《き》をとりなおしたウィルヘルムはポリテクニウムの校長《こうちょう》あてに
試験《しけん》をうけられない事情《じじょう》と強《つよ》い入学希望《にゅうがくきぼう》を伝《つた》える手紙《てがみ》をおくったのでした
ウィルヘルム・コンラッド・レントゲンくん か

角膜炎《かくまくえん》では試験《しけん》はむりだな しかし――
工芸学校《こうげいがっこう》の成績《せいせき》はばつぐんに優秀《ゆうしゅう》だ
手紙《てがみ》を読《よ》むに熱意《ねつい》もありますな
やる気《き》のある若者《わかもの》は大歓迎《だいかんげい》ですぞ
――みなさま決《き》まりましたな？
それでは この未来《みらい》ある若者《わかもの》に
よいしらせをとどけてあげましょう
こうして大学入学資格試験《だいがくにゅうがくしかくしけん》に不合格《ふごうかく》になってから約《やく》1年《ねん》――
ウィルヘルムはめでたくポリテクニウムに合格《ごうかく》したのでした

第《だい》3章《しょう》 進《すす》むべき道《みち》
一八六八年《ねん》 スイス・チューリヒ
ウィリー! このあと 時間《じかん》あるか? 緑盃軒《りょくはいけん》に行《い》こうぜ!
いいね 行《い》こうか!
あそこの おやじさんとは 話《はなし》があうんだよね
ポリテクニウムに入学《にゅうがく》したウィルヘルムは そこでも優秀《ゆうしゅう》な成績《せいせき》をおさめ
3年《ねん》にわたり 当時最新《とうじさいしん》の蒸気機関《じょうききかん》に関《かん》する機械技術《きかいぎじゅつ》の分野《ぶんや》で
ほぼ最優秀《さいゆうしゅう》の成績《せいせき》をとっていたのです
ニヤ
ちがうでしょー? ウィリーくん!
ニヤ
きみが話《はな》したいのは 娘《むすめ》さんのほうだろう?

緑盃軒《りょくはいけん》
いらっしゃい 学生《がくせい》さんたち
アンナ・ベルタ・ルードウィヒ
あら ウィリーくん じゃない
学校《がっこう》近《ちか》くの居酒屋《いざかや》 緑盃軒《りょくはいけん》は 学生《がくせい》たちの たまり場《ば》になっていて
べ…
ベルタさん…!
店《みせ》の主人《しゅじん》の娘《むすめ》 ベルタは 学生《がくせい》たちの よき話《はな》し相手《あいて》でした
ニャ ニャ
ウィリーくんも もうすぐ卒業《そつぎょう》ね 卒業後《そつぎょうご》はどうするの？

はっ
――じつは…… 学校《がっこう》で機械技師《きかいぎし》の免許《めんきょ》は とれたのですが
本当《ほんとう》に 技師《ぎし》を将来《しょうらい》の 仕事《しごと》にしていいのか ……考《かんが》えてしまって
それなら 気分転換《きぶんてんかん》に ハイキングにでも 行《い》かない？
ごいっしょ しましょ!?
ぜ……ぜひ!!
ウィルヘルムは 友人《ゆうじん》たちと緑盃軒《りょくはいけん》に 通《かよ》ううちにベルタと したしくなり
いつしか おたがいを 恋《こい》しく思《おも》うように なっていました
そんな ある日《ひ》

新《あたら》しい物理学《ぶつりがく》の教授《きょうじゅ》が来《き》たって？
そうなんだ 若《わか》いけど 講義《こうぎ》は おもしろいらしいよ
はじめまして みんな
私《わたし》はクント 少《すこ》しばかり※若輩《じゃくはい》だが よろしくたのむ
新任教授《しんにんきょうじゅ》
アウグスト・クント 29歳《さい》
なあウィリー きみ 進路《しんろ》になやんでただろ この先生《せんせい》なら
ぼくらと年《とし》も近《ちか》いし 相談《そうだん》にのって くれるんじゃないか？
——そうだね 一度《いちど》 相談《そうだん》してみるよ

※年《とし》が若《わか》く、未熟《みじゅく》で経験《けいけん》があさいこと

実験室《じっけんしつ》まで来《き》てもらって すまないね 研究室《けんきゅうしつ》のほうは まだかたづいてなくて
それで 進路《しんろ》の相談《そうだん》 ということだったが—— ん？ どうかしたかい？
あ すみません 物理学《ぶつりがく》の実験室《じっけんしつ》は はじめてで
器具《きぐ》や機材《きざい》が 機械技術《きかいぎじゅつ》の授業《じゅぎょう》で 見《み》たものとは少《すこ》し ちがうんですね
うん
実験器具《じっけんきぐ》や装置《そうち》は つねに 改良《かいりょう》を重《かさ》ねるものなんだ 器具《きぐ》の改良《かいりょう》も研究《けんきゅう》のうちさ
すごいですね！ あ これは※減圧《げんあつ》に使《つか》う 器具《きぐ》ですね？
このパッキンを二重《にじゅう》に 入《い》れる構造《こうぞう》にすると もっとよくなりそう！
へえ！ 工作《こうさく》に興味《きょうみ》が？
ウィルヘルムは こうして クント教授《きょうじゅ》の 実験室《じっけんしつ》に出入《でい》りする ようになります

※圧力《あつりょく》を下《さ》げること。ここでは、空気圧《くうきあつ》を下《さ》げることを意味《いみ》する

レントゲンくん
進路《しんろ》の件《けん》だが 考《かんが》えは決《き》まったかい？
きみの成績《せいせき》なら どの分野《ぶんや》でもやっていけるとは思《おも》うけれどね
物理学《ぶつりがく》のクラスをとったことは？
いえ……はずかしながらありません
ふむ……
？
私《わたし》のもとで物理学《ぶつりがく》をやってみる気《き》はないかい？

でも ぼくは 物理学《ぶつりがく》を いっさい 学《まな》んでいなくて……!!
いまからでも 遅《おそ》くはないよ
一生懸命《いっしょうけんめい》やれば すぐに追《お》いつける!
物理学《ぶつりがく》というのは 自然現象《しぜんげんしょう》の本質《ほんしつ》やしくみを つきつめる学問《がくもん》さ
とくに「実験物理学《じっけんぶつりがく》」は 実験《じっけん》を重《かさ》ねて その謎《なぞ》を ときあかす!
自然現象《しぜんげんしょう》の 本質《ほんしつ》……
きみは 実験器具《じっけんきぐ》を 正確《せいかく》にあつかえるし 改良《かいりょう》する器用《きよう》さもある
実験物理学《じっけんぶつりがく》の素質《そしつ》があるよ その力《ちから》を 私《わたし》の助手《じょしゅ》として いかしてみないか!?
——はい!!

一八六九年《ねん》――
ウィルヘルムは
クント教授《きょうじゅ》の研究助手《けんきゅうじょしゅ》
として はたらきながら
研究者《けんきゅうしゃ》の卵《たまご》として
自分《じぶん》の研究《けんきゅう》もおこなう
ようになりました
やってみると 物理《ぶつり》って
楽《たの》しいな クント教授《きょうじゅ》と
引《ひ》きあわせてくれた
アルバートに感謝《かんしゃ》しなきゃ
アルバート
それに 相談《そうだん》にのって
くれたベルタさんにも
なにか お礼《れい》を……
このころ
ベルタは体調《たいちょう》を崩《くず》し
入院《にゅういん》していました
ウィルヘルムも
何度《なんど》かベルタを見舞《みま》って
いましたが なかなか
よくなりませんでした
!

ベルタの30歳《さい》の誕生日《たんじょうび》
ウィルヘルムは
ベルタの入院《にゅういん》していた
病院《びょういん》を訪《おとず》れます
!?
まあ!!
わあ! 見《み》て お母《かあ》さん!!
すてきねぇ!

きゃーーっ
ウィリーくん！
こ これは……!?

ベルタさん お誕生日《たんじょうび》おめでとうございます!!
ぼくのプレゼントはこの馬車《ばしゃ》での※遠乗《とおの》りです!
すてき!! ありがとう!
前《まえ》にいっていた物理学《ぶつりがく》の研究《けんきゅう》はどう?
やりたいことは見《み》つけられそう?
——ええ 実験《じっけん》をするのが楽《たの》しくて
いまは気体《きたい》……空気《くうき》を物理学的《ぶつりがくてき》に研究《けんきゅう》しています

※馬《うま》や車《くるま》などにのって、遠《とお》くまで出《で》かけること

ポリテクニウムの
となりにある
チューリヒ大学《だいがく》に
論文《ろんぶん》を出《だ》すつもりです
カチーン
そ それで……ですね
博士号《はくしごう》がとれたら
その……ぼくと……
けけ 結婚《けっこん》して
ください……!!
コチーン
こくん
不思議《ふしぎ》なことに
この遠乗《とおの》りのあと
ベルタの体調《たいちょう》は回復《かいふく》し
おなじ年《とし》の六月《がつ》
無事《ぶじ》 博士号《はくしごう》をとった
ウィルヘルムは
アンナ・ベルタと
正式《せいしき》に婚約《こんやく》したの
でした

一八七〇年《ねん》 初春《しょしゅん》
レントゲンくん！ ちょっといいかい？
クント教授《きょうじゅ》！ どうされました？
急《きゅう》な話《はなし》だけれどね この学校《がっこう》をはなれる ことになったよ
えっ!?
婚約《こんやく》したばかりだ というのは 知《し》っているが……
新《あたら》しい赴任先《ふにんさき》は ドイツの ビュルツブルクにある ビュルツブルク大学《だいがく》
SIGILLUM UNIVERSITATIS HERBIPOLENSIS
15 83
ビュルツブルク
チューリヒ
私《わたし》は 第一助手《だいいちじょしゅ》として きみを連《つ》れていきたいと 思《おも》っている

――きみは どうしたい？
ベルタさんと はなればなれになる……!?
――でも!!
行《い》きます!!
ごいっしょします！
ぼくは はやく一人前《いちにんまえ》の研究者《けんきゅうしゃ》になりたいんです
教授《きょうじゅ》のそばで学《まな》ばせてください！
こうして ウィルヘルムは クント教授《きょうじゅ》の助手《じょしゅ》として ビュルツブルクへ
そして そのあいだ
ベルタは 花嫁修業《はなよめしゅぎょう》のため ウィルヘルムの両親《りょうしん》がいる アペルドールンへと 行《い》くことになりました
アペルドールン
ビュルツブルク
チューリヒ

恋人《こいびと》たちをはなればなれにさせてまで来《き》たというのに
まさか赴任先《ふにんさき》がこうもボロボロだとはね!!
ボロッ
見《み》てくださいここの実験設備《じっけんせつび》! 器具《きぐ》も! とても使《つか》えませんよ
こんなボロボロだけど目《め》の前《まえ》の道路《どうろ》「新建築通《しんけんちくどお》り」っていうんだよ…
さっそくだけど器具《きぐ》の修理《しゅうり》からおねがいするよ……
しゅん…
そうですね……
そうじからかなァ…
不自由《ふじゆう》な環境《かんきょう》にめげることなくウィルヘルムは研究《けんきゅう》をはじめます

このころの研究《けんきゅう》は「定圧定容器《ていあつていようき》での比熱《ひねつ》に関《かん》する実験《じっけん》」
つまり「まったくおなじ条件《じょうけん》のふたつの容器《ようき》に気体《きたい》を入《い》れ くわえる熱《ねつ》だけをかえると どうなるのか」を観察《かんさつ》する実験《じっけん》でした
この実験《じっけん》は すでにコールラウシュという高名《こうめい》な物理学者《ぶつりがくしゃ》がおこない論文《ろんぶん》を発表《はっぴょう》していましたところが——
——あれ？ 数値《すうち》があわない？
なにかのまちがいかも もう一度《いちど》やってみよう
また あわない!! 器具《きぐ》が悪《わる》いのか？
やっぱりちがう!! これは……！

クント教授《きょうじゅ》
どうしたね？
かしこまって
研究助手《けんきゅうじょしゅ》の身《み》ですが
ぼくの書いた論文《ろんぶん》を
見《み》ていただきたいのです
――！
何度《なんど》実験《じっけん》しても 数値《すうち》が
コールラウシュ博士《はかせ》の
論文《ろんぶん》とあわないんです
でも……
実験《じっけん》は 正確《せいかく》な手順《てじゅん》で
おこないました
ぼくは――
自分《じぶん》の出《だ》した
結果《けっか》のほうが
正《ただ》しいと思《おも》います
……ふむ

これは 私《わたし》が あずかっておこう
きみは 別《べつ》の実験《じっけん》を 続《つづ》けてくれたまえ
──あれから1か月《げつ》 教授《きょうじゅ》は 論文《ろんぶん》について なにもいってくれない
ガチャ
やっぱり 一介《いっかい》の助手《じょしゅ》が ああいう論文《ろんぶん》を出《だ》すなんて 生意気《なまいき》だっただろうか……
『物理化学《ぶつりかがく》 年報《ねんぽう》』……!?

赤線《あかせん》が引《ひ》いてある
これは……
ぼくの論文《ろんぶん》だ！
――ああ……
クント教授《きょうじゅ》は
ウィルヘルムの論文《ろんぶん》を
有名《ゆうめい》な科学雑誌《かがくざっし》に
おくっていたのでした
この雑誌《ざっし》に掲載《けいさい》されたことは
高名《こうめい》な学者《がくしゃ》の論文《ろんぶん》よりも
ウィルヘルムの実験《じっけん》のほうが
正《ただ》しいと 学界《がっかい》にみとめられた
ことを意味《いみ》しました
ぼくは――……
ぼくの実験《じっけん》は
正《ただ》しかったんだ!!

そして 一八七二年《ねん》一月《がつ》九日《ここのか》 アペルドールンにて
おめでとう ウィリー!!
おめでとう ベルタ!
本当《ほんとう》に よかったな ウィリー!!
カール! きみの助言《じょげん》のおかげだよ
ポリテクニウムに行《い》かなければ 彼女《かのじょ》と出《で》あえなかったからね
ははは ならその分《ぶん》 のませてもらうぞ!
新婚夫婦《しんこんふうふ》は ビュルツブルク大学《だいがく》の近所《きんじょ》に引《ひ》っこし
ウィルヘルムは ますます研究《けんきゅう》に のめりこみます

この年《とし》 クント教授《きょうじゅ》とともに
※アルザス・ロレーヌ地方《ちほう》の
ストラスブール大学《だいがく》に赴任《ふにん》し
ここで大学教授《だいがくきょうじゅ》になる資格《しかく》を
とることができました
その後《ご》 ウィルヘルムは
ドイツ南西部《なんせいぶ》の都市《とし》
ホーエンハイムの農科《のうか》
大学《だいがく》で1年《ねん》ほど教《おし》え
それから
ストラスブール
大学《だいがく》にもどり
助教授《じょきょうじゅ》になります
ギーセン
ビュルツブルク
ストラスブール
ホーエンハイム
さらに一八七九年《ねん》四月《がつ》には
ドイツ西部《せいぶ》にある
ギーセン大学《だいがく》の正教授《せいきょうじゅ》に
就任《しゅうにん》――
このころには ウィルヘルムは
気鋭《きえい》の若手研究者《わかてけんきゅうしゃ》として
ヨーロッパで知《し》られるように
なっていたのです

※ドイツとフランスの境《さかい》にある地域《ちいき》で、現在《げんざい》はフランスの一部《いちぶ》だが、このころはドイツ領《りょう》だった

第《だい》4章《しょう》　世紀《せいき》の大発見《だいはっけん》
レントゲン先生《せんせい》!
ギーセン大学《だいがく》
先日発表《せんじつはっぴょう》されたブラウン博士《はかせ》の論文《ろんぶん》を読《よ》みまして
ウィルヘルムの助手《じょしゅ》ツェンダー
おなじ実験《じっけん》をしたらちがう結果《けっか》が出《で》たので
それを指摘《してき》する「反証論文《はんしょうろんぶん》」を書《か》きました読《よ》んでいただけますか
うん拝見《はいけん》します
ドキ
この瞬間《しゅんかん》は　いつも緊張《きんちょう》するなぁ
ドキ
おお・・・・

ツェンダーくん「仮《かり》に」とか「おそらく」とか あいまいな言葉《ことば》を多用《たよう》するのは よくないね
研究論文《けんきゅうろんぶん》に必要《ひつよう》なのは 確実《かくじつ》さと明解《めいかい》さだ
は はい!
ここから ここまでと ここと ここをなおして 二日後《ふつかご》に再提出《さいていしゅつ》だね
はいっ!
ウィルヘルムは きびしい教授《きょうじゅ》として知《し》られ 論文《ろんぶん》で使《つか》う言葉《ことば》の ひとつひとつまで 念入《ねんい》りに 確認《かくにん》することで有名《ゆうめい》でした
ひえぇ
ツェンダーさん 書《か》きなおしですか
たいへん だあ……
レントゲン 先生《せんせい》は きっちり してるからね
でも 先生《せんせい》の チェックを通《とお》った 論文《ろんぶん》は 評判《ひょうばん》いいんだよ

二日後《ふつかご》――
ずいぶんよくなったね じゃあ ここと ここを なおしてから もう一度《いちど》 最初《さいしょ》からチェックしよう
はい……
一切《いっさい》甘《あま》やかさない!
ウィルヘルムは 自分《じぶん》の 論文《ろんぶん》でも おなじように よけいな言葉《ことば》ひとつ 文字《もじ》のまちがいひとつない 完璧《かんぺき》さを大事《だいじ》にし――
ギーセン大学《だいがく》での約《やく》10年間《ねんかん》で 電気《でんき》・気体《きたい》・熱《ねつ》・光線《こうせん》などの さまざまな物理学的分野《ぶつりがくてきぶんや》で 18本《ぽん》もの論文《ろんぶん》を発表《はっぴょう》します
研究者《けんきゅうしゃ》としては順調《じゅんちょう》でしたが 家庭生活《かていせいかつ》では 一八八〇年《ねん》に母《はは》を 一八八四年《ねん》に父《ちち》を
続《つづ》けて亡《な》くすという 不幸《ふこう》に見舞《みま》われて いました
CONSTANCE CHARLOTTE RÖNTGEN, GEB. FROWEIN
★28 FEBR. 1806 † 8 AUG. 1880
FRIEDRICH KONRAD RÖNTGEN
★11 JAN. 1801 † 12 JUNI 1884

一方《いっぽう》で 新《あたら》しい喜《よろこ》びも訪《おとず》れます
お母《かあ》ちゃあん！
はい！ お花《はな》あげる！
レントゲン夫婦《ふうふ》の養女《ようじょ》 ベルティリィ
キャーーっ
ありがとう！ 私《わたし》のかわいいベルティリィ
ベルタの弟《おとうと》の娘《むすめ》ベルティリィを養女《ようじょ》として家族《かぞく》にむかえたのです
その後《ご》 一家《いっか》は毎年夏《まいとしなつ》になると ベルタとベルティリィの故郷《こきょう》であるスイスに旅行《りょこう》することが恒例《こうれい》になります
ウィルヘルムにとってもこの旅行《りょこう》は 研究《けんきゅう》の息抜《いきぬ》きにちょうどよかったのです

一八八八年《ねん》十月《がつ》
ウィルヘルムは
新婚時代《しんこんじだい》をすごした
ビュルツブルク大学《だいがく》に
ふたたび赴任《ふにん》します
ここが
お父《とう》ちゃんの
新《あたら》しいお仕事場《しごとば》？
ええ
そうよ
いままで 他《ほか》の大学《だいがく》から
さそいをうけたりも
したけれど
環境《かんきょう》がかわるのが
いやで すべて
ことわっていたんだ
でも ここ
ビュルツブルクなら
話《はなし》は別《べつ》だ
ベルタさんも
知《し》っている町《まち》だし
知《し》りあいもいるしね
クント先生《せんせい》といっしょに
はじめて赴任《ふにん》したのも
この大学《だいがく》だった
先生《せんせい》――
お元気《げんき》だろうか

それから6年後《ねんご》
一八九四年《ねん》五月《がっ》——
クント先生《せんせい》が……
亡《な》くなった……
ウィルヘルムを
物理学《ぶつりがく》の道《みち》へとさそった
恩師《おんし》・クント教授《きょうじゅ》が
亡《な》くなります
——なんだって!?
クント先生《せんせい》
病気《びょうき》の療養中《りょうようちゅう》で
いらしたのよね？
よくなってきていると
手紙《てがみ》をもらったばかり
だったのに！
ウィリー……

ぼくを導《みちび》いてくれた人《ひと》だったのに!!
実験《じっけん》を重《かさ》ねてその謎《なぞ》をときあかす!
——ぼくのこれまでの研究《けんきゅう》だって
クント先生《せんせい》 あなたの重《かさ》ねてきた研究《けんきゅう》の成果《せいか》があればこそなんだ
ぼくも研究《けんきゅう》を重《かさ》ねていかなければ——
つみかさねた成果《せいか》がさらにあとに続《つづ》く若《わか》い研究者《けんきゅうしゃ》たちの土台《どだい》になるように……

先生《せんせい》 ありがとう ございました……!!
物理学《ぶつりがく》の研究者《けんきゅうしゃ》として 決意《けつい》を新《あら》たにした ウィルヘルムは
最新《さいしん》の研究論文《けんきゅうろんぶん》を よみあさり みずからも おなじ実験《じっけん》をして 結果《けっか》を確《たし》かめつづけました

お父《とう》さん
失礼《しつれい》します
コンコン
これ全部《ぜんぶ》
お仕事《しごと》の手紙《てがみ》なの？
すごい量《りょう》ね
あちこちの教授《きょうじゅ》に
問《と》い合《あ》わせの手紙《てがみ》を
出《だ》したからね その返事《へんじ》さ
うんうん なるほど
さっそく試《ため》して
みなくちゃ
ほー
ウィルヘルムは 読《よ》んだ
論文《ろんぶん》に疑問《ぎもん》があれば
すぐに論文《ろんぶん》の書《か》き手《て》に
手紙《てがみ》で教《おし》えをもとめました
その姿勢《しせい》と研究成果《けんきゅうせいか》が
みとめられ この年《とし》
ビュルツブルク大学《だいがく》の
学長《がくちょう》にえらばれます

学長《がくちょう》への出世《しゅっせ》をはたしてからも研究《けんきゅう》への情熱《じょうねつ》はまったくかわらず
週末《しゅうまつ》はいつも実験室《じっけんしつ》にこもり実験《じっけん》にあけくれました
──そして彼《かれ》が興味《きょうみ》をもったのが
当時《とうじ》の物理学界《ぶつりがっかい》で注目《ちゅうもく》されていた真空放電実験《しんくうほうでんじっけん》だったのです
高電圧発生装置《こうでんあつはっせいそうち》
リューンコルフ誘導《ゆうどう》コイル
ふむ……

それまでの研究《けんきゅう》で
電気《でんき》にはプラスとマイナスの
2種類《しゅるい》があることや
ことなる種類《しゅるい》の電気《でんき》の
あいだには 引《ひ》きあう力《ちから》が
おなじ種類《しゅるい》の電気《でんき》の
あいだには 反発《はんぱつ》する力《ちから》が
はたらくこと——
ファラデー
電気《でんき》と磁気《じき》の関係《かんけい》を発見《はっけん》
フランクリン
雷《かみなり》が電気《でんき》であることを発見《はっけん》
Pôle positif
Cuivre
Rondel
Zinc
オーム
電流《でんりゅう》をくわしく研究《けんきゅう》
ボルタ
電池《でんち》を発明《はつめい》
プラスの電気《でんき》をもった極《きょく》と
マイナスの電気《でんき》をもった極《きょく》とを
つないだときに 電気《でんき》が流《なが》れる
ことなどがわかっていました

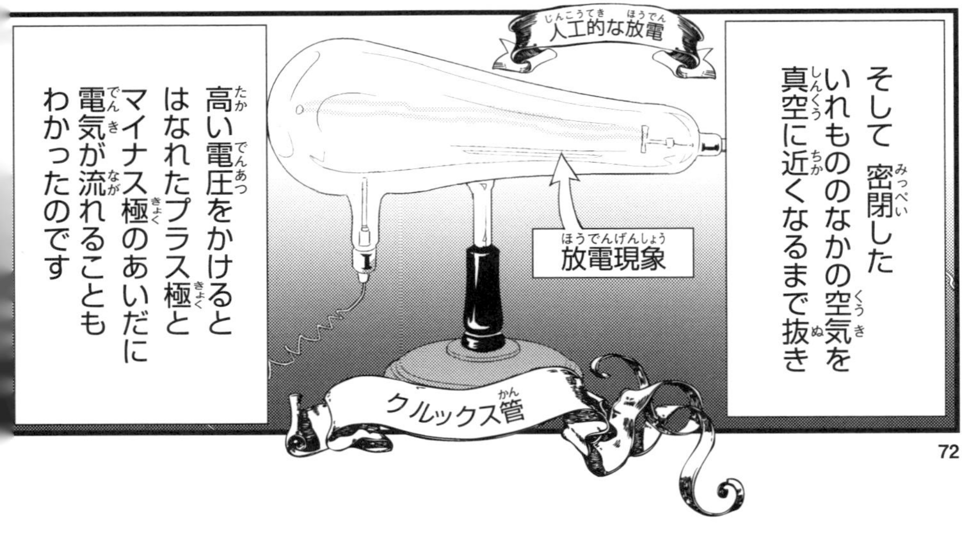
そして 密閉《みっぺい》した
いれもののなかの空気《くうき》を
真空《しんくう》に近《ちか》くなるまで抜《ぬ》き
人工的《じんこうてき》な放電《ほうでん》
放電現象《ほうでんげんしょう》
クルックス管《かん》
高《たか》い電圧《でんあつ》をかけると
はなれたプラス極《きょく》と
マイナス極《きょく》のあいだに
電気《でんき》が流《なが》れることも
わかったのです

この現象《げんしょう》が
真空放電現象《しんくうほうでんげんしょう》とよばれ
−マイナス
プラス＋
★ガラス容器《ようき》
空気《くうき》を抜《ぬ》く
−
＋
電気《でんき》の元《もと》がありそうだ!!
ふたつの極《きょく》のあいだに 目《め》に見《み》えない「電気《でんき》のもと」が飛《と》ぶことで「電流《でんりゅう》」になるのだと考《かんが》えられました
研究者《けんきゅうしゃ》たちはこの電流《でんりゅう》を「陰極線《いんきょくせん》」と名《な》づけ
その性質《せいしつ》をあきらかにしようとしていたのです
先生《せんせい》! とどきましたよ
ドン
これが「レーナルト管《かん》」! 陰極線《いんきょくせん》を空気中《くうきちゅう》にとりだす器具《きぐ》か

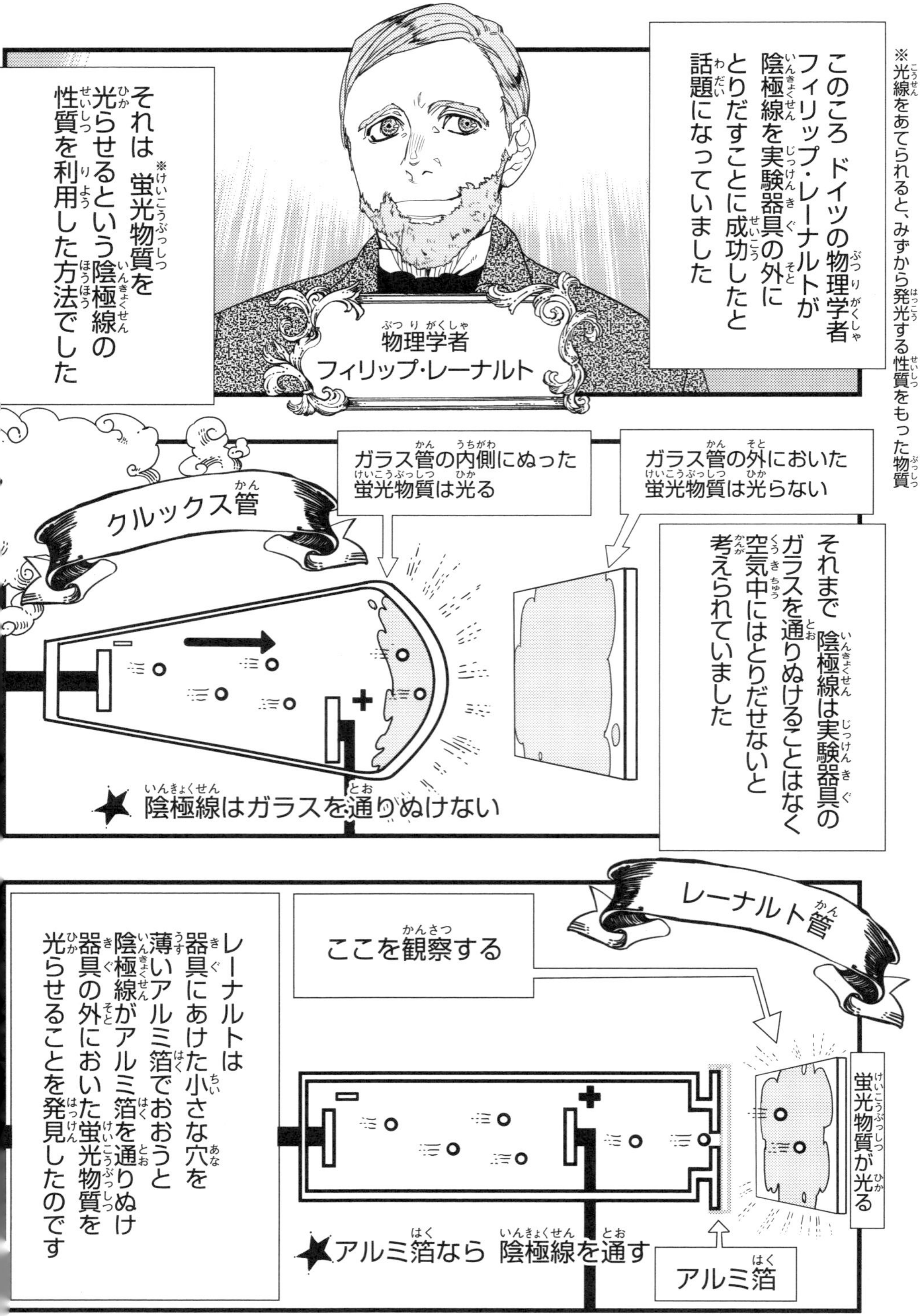
このころ　ドイツの物理学者《ぶつりがくしゃ》
フィリップ・レーナルトが
陰極線《いんきょくせん》を実験器具《じっけんきぐ》の外《そと》に
とりだすことに成功《せいこう》したと
話題《わだい》になっていました
物理学者《ぶつりがくしゃ》
フィリップ・レーナルト
それは　※蛍光物質《けいこうぶっしつ》を
光《ひか》らせるという陰極線《いんきょくせん》の
性質《せいしつ》を利用《りよう》した方法《ほうほう》でした
それまで　陰極線《いんきょくせん》は実験器具《じっけんきぐ》の
ガラスを通《とお》りぬけることはなく
空気中《くうきちゅう》にはとりだせないと
考《かんが》えられていました
ガラス管《かん》の外《そと》においた
蛍光物質《けいこうぶっしつ》は光《ひか》らない
ガラス管《かん》の内側《うちがわ》にぬった
蛍光物質《けいこうぶっしつ》は光《ひか》る
クルックス管《かん》
★陰極線《いんきょくせん》はガラスを通《とお》りぬけない
レーナルト管《かん》
蛍光物質《けいこうぶっしつ》が光《ひか》る
ここを観察《かんさつ》する
アルミ箔《はく》
★アルミ箔《はく》なら　陰極線《いんきょくせん》を通《とお》す
レーナルトは
器具《きぐ》にあけた小《ちい》さな穴《あな》を
薄《うす》いアルミ箔《はく》でおおうと
陰極線《いんきょくせん》がアルミ箔《はく》を通《とお》りぬけ
器具《きぐ》の外《そと》においた蛍光物質《けいこうぶっしつ》を
光《ひか》らせることを発見《はっけん》したのです

※光線《こうせん》をあてられると、みずから発光《はっこう》する性質《せいしつ》をもった物質《ぶっしつ》

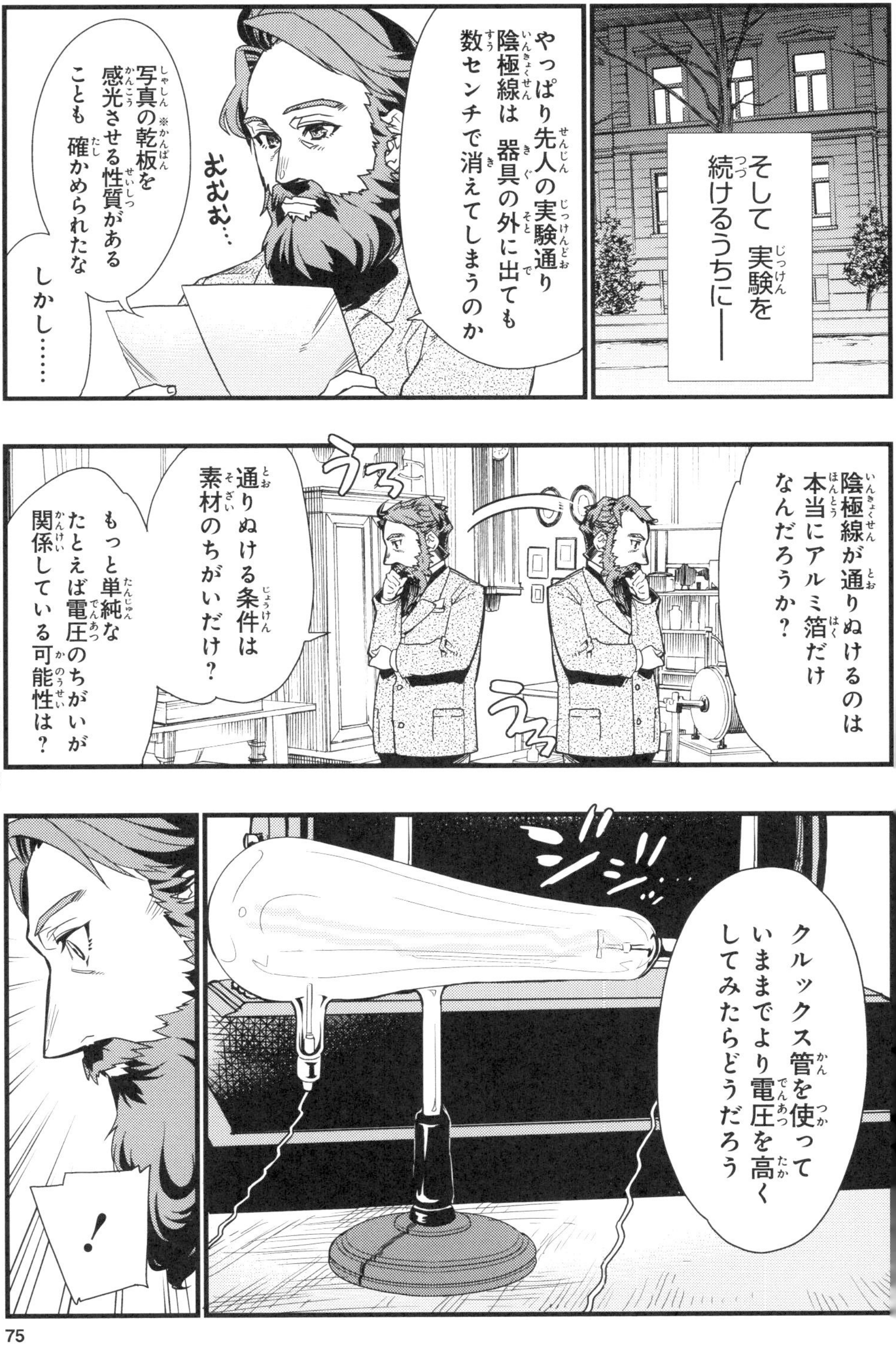

※ガラスの板《いた》に光《ひかり》に反応《はんのう》する溶液《ようえき》をぬって乾《かわ》かしたもの。フィルムが一般的《いっぱんてき》になる以前《いぜん》の写真撮影《しゃしんさつえい》に使《つか》われた

電圧《でんあつ》を上《あ》げたら 陰極線《いんきょくせん》が クルックス管《かん》のガラスも 通《とお》りぬけた!!
うーん でも クルックス管《かん》の光《ひかり》の 照《て》りかえしで 蛍光板《けいこうばん》の 光《ひかり》が 観察《かんさつ》しづらいな
ふむ
クルックス管《かん》を紙《かみ》で おおって 管自体《かんじたい》の 光《ひかり》をさえぎればいい!
なつかしいなあ
なんだか むかし父《とう》さんが つくってくれた 模型《もけい》の 家《いえ》を思《おも》いだすなあ
よし! これでいい
装置《そうち》の スイッチを 入《い》れて
真《ま》っ暗《くら》にしないと いけないから カーテンをしめて——

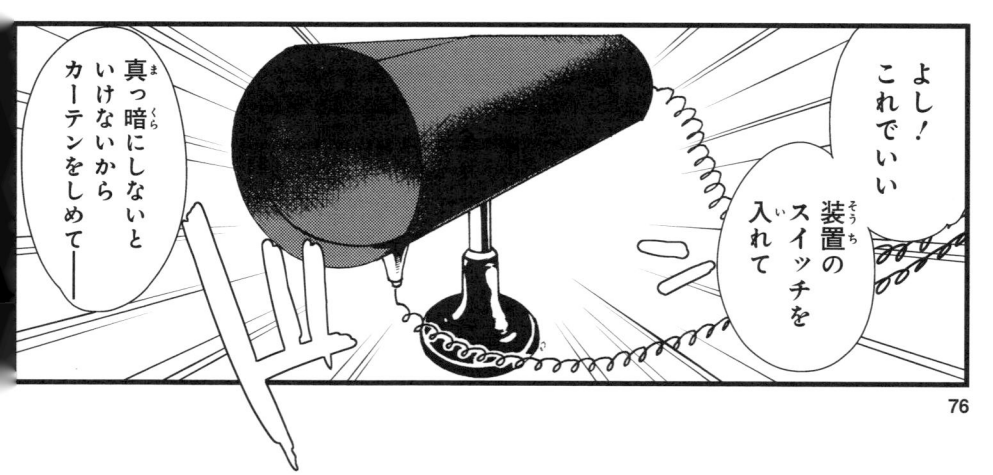

フッ!
明《あ》かりを消《け》す!
ぱちっ
暗闇《くらやみ》に目《め》をならさなきゃいけないのがめんどうだけど
おお……!
ポゥ…
うん これなら蛍光板《けいこうばん》の光《ひかり》だけを確認《かくにん》できる
……?
ガ!…

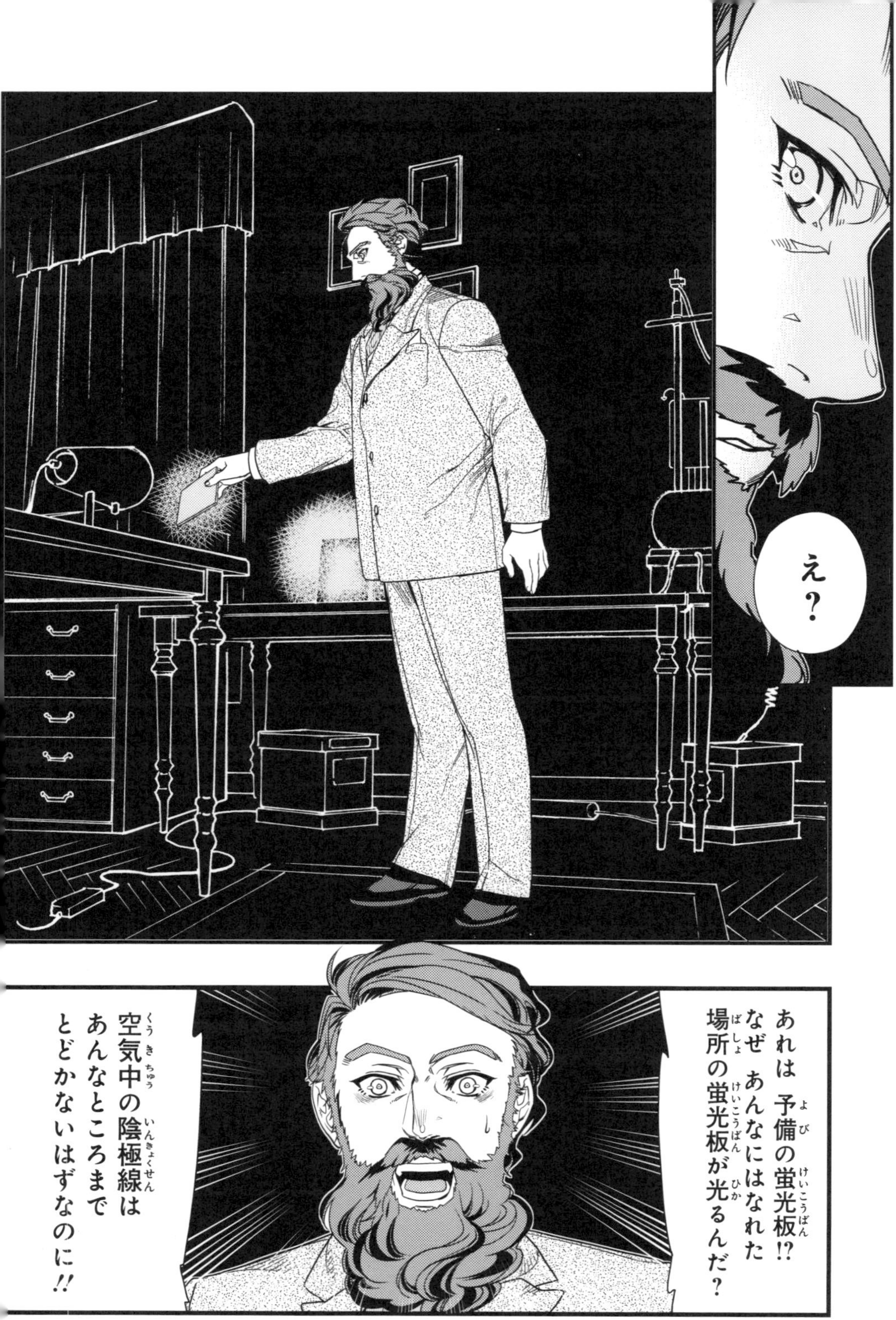
え？
あれは　予備《よび》の蛍光板《けいこうばん》!?
なぜ　あんなにはなれた場所《ばしょ》の蛍光板《けいこうばん》が光《ひか》るんだ？
空気中《くうきちゅう》の陰極線《いんきょくせん》はあんなところまでとどかないはずなのに!!

……もしかして
ぼくは 陰極線《いんきょくせん》とは 別《べつ》のなにか——
新《あたら》しい「不可視《ふかし》の線《せん》」を 見《み》つけたんじゃないか!?
すごいぞ！ これはすごいぞ!!
この「線《せん》」は どんな 性質《せいしつ》をもつんだろう！
空気中《くうきちゅう》で消《き》えず あそこまで とどくくらいだ
他《ほか》の物質《ぶっしつ》を 通《とお》りぬける力《ちから》が あるんじゃないか？
ウィルヘルムは その仮説《かせつ》を 確《たし》かめるため さまざまな ものを 管《かん》と蛍光板《けいこうばん》との あいだに置《お》いてみました
これは どうだ?!
やっぱり！ トランプは通《とお》りぬける 本《ほん》はどうだ？
お 光《ひかり》が 薄《うす》くなった
ぱ
ぱ
ぱ
金属《きんぞく》は？ アルミ板《ばん》は…… 通《とお》り抜《ぬ》けた！
のちに この発見《はっけん》のとき なにを考《かんが》えたかと記者《きしゃ》に 聞《き》かれたウィルヘルムは 「なにも考《かんが》えなかった ただ実験《じっけん》を くりかえした」と答《こた》えています

じゃあ 次《つぎ》は
この鉛《なまり》の板《いた》を――……
!?

こ……
これは？
フラ
フラ
いったい
なんの冗談《じょうだん》だ？
いま 確《たし》かに骨《ほね》が……！
蛍光板《けいこうばん》にうつったのは
ぼくの手《て》のはずだ！
なのに……なぜ骨《ほね》が!?
ドスン
ぼくは 人《ひと》が手《て》を出《だ》しては
いけない なにかに
ふれてしまったのか？
—ちがう!! これは
科学上《かがくじょう》の新発見《しんはっけん》なんだ
調《しら》べるんだウィリー！
しかし こんな現象《げんしょう》を論文《ろんぶん》に
してだれが信《しん》じるだろう？
なにか確固《かっこ》たる証拠《しょうこ》でも
なければ……

はっ
陰極線《いんきょくせん》は 写真《しゃしん》の乾板《かんぱん》に反応《はんのう》して黒《くろ》く感光《かんこう》させる!
この「線《せん》」にもおなじ性質《せいしつ》があるとしたら!!
そうだ 証拠《しょうこ》だ! 神秘《しんぴ》でもトリックでもなんでもない
いま見《み》たものを写《うつ》しとることができれば!!
ウィルヘルムは さっそく写真《しゃしん》を撮影《さつえい》できるように装置《そうち》を改良《かいりょう》し
クルックス管《かん》
写真《しゃしん》の乾板《かんぱん》
誘導《ゆうどう》コイル
見事《みごと》にこの不思議《ふしぎ》な「線《せん》」の証拠写真《しょうこしゃしん》をとることに成功《せいこう》したのでした
やった……! 思《おも》った通《とお》りきれいにとれたぞ
でも まだだ もっと確《たし》かめないと
ウィルヘルムが撮影《さつえい》した「木箱《きばこ》のなかの分銅《ふんどう》」や「ケースのなかの羅針盤《らしんばん》」などのX線写真《エックスせんしゃしん》

お母《かあ》さん
お父《とう》さんは 今日《きょう》も遅《おそ》いのね
ええ……
ひとくぎり つくまでは 食事《しょくじ》の味《あじ》も わからないと思《おも》うわ
ただいま
おかえりなさい 食《た》べたらまた実験《じっけん》？
ふう
うん
もくもくもくもくも
住《す》まいが実験室《じっけんしつ》の上《うえ》に あってよかったわ…… でなきゃ ごはんも 食《た》べないわね
ひとこともしゃべらず 食事《しょくじ》をおえると また 実験《じっけん》にもどるという生活《せいかつ》が 何週間《なんしゅうかん》も続《つづ》きました

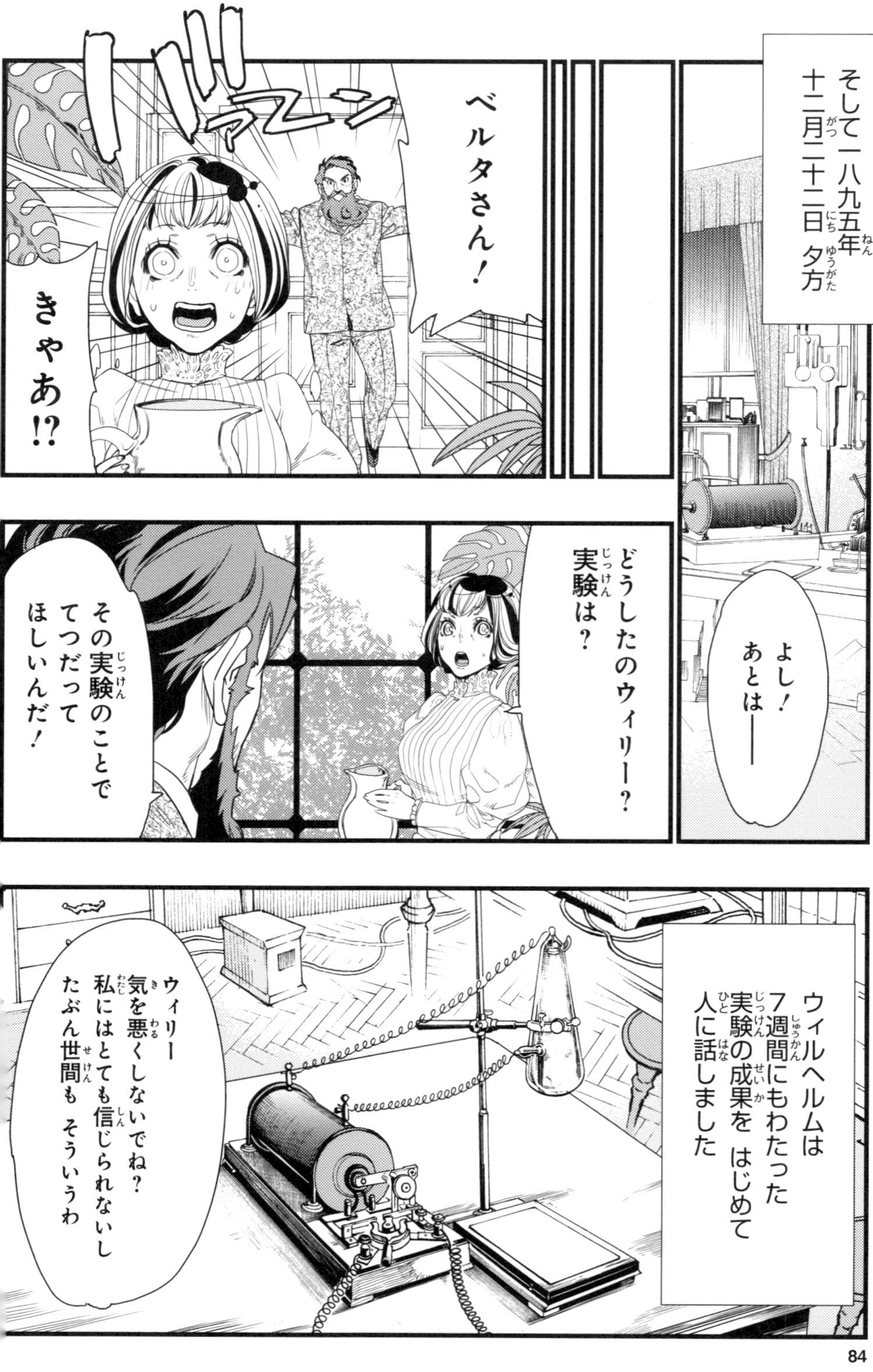
そして一八九五年《ねん》
十二月《がつ》二十二日《にち》 夕方《ゆうがた》
ベルタさん！
きゃあ!?
よし！
あとは――
どうしたのウィリー？
実験《じっけん》は？
その実験《じっけん》のことで
てつだって
ほしいんだ！
ウィルヘルムは
7週間《しゅうかん》にもわたった
実験《じっけん》の成果《せいか》を はじめて
人《ひと》に話《はな》しました
ウィリー
気《き》を悪《わる》くしないでね？
私《わたし》にはとても信《しん》じられないし
たぶん世間《せけん》も そういうわ

ズッ
そういわれることは 予想《よそう》していたよ ぼくも そう思《おも》う
でも 確固《かっこ》たる 証拠《しょうこ》があるんだ
ヒッ!?
こ これは? なにかの いたずら……じゃあ ないのよね?
うん ぼくの 手《て》の写真《しゃしん》さ
ぼくが見《み》つけた 「不思議《ふしぎ》な線《せん》」で写真《しゃしん》を とると こう写《うつ》るのさ
この線《せん》についての 論文《ろんぶん》を発表《はっぴょう》したい
そのための写真《しゃしん》が もっとほしいんだ ベルタさん お願《ねが》いだ
手《て》を そこに置《お》いて―― 痛《いた》くないし 指輪《ゆびわ》が 壊《こわ》れたりもしないから
罰《ばち》があたったり しないかしら
心配《しんぱい》しないで
おそるおそる…

こうして 無事《ぶじ》
ベルタの手《て》の写真《しゃしん》は
完成《かんせい》しました
ヴィルヘルムは
論文《ろんぶん》のなかで
この「不思議《ふしぎ》な線《せん》」を
数学《すうがく》の世界《せかい》で
「未知《みち》」を意味《いみ》する
「X《エックス》」からとって
「X線《エックスせん》」と名《な》づけます
十二月《がつ》二十八日《にち》
完成《かんせい》した論文《ろんぶん》を
印刷《いんさつ》する
手続《てつづ》きをすると
翌年《よくとし》の一月《がつ》一日《ついたち》
刷《す》りあがった論文《ろんぶん》に
写真《しゃしん》をそえて
新年《しんねん》のあいさつと
ともに 高名《こうめい》な
科学者《かがくしゃ》たちへ
おくったのです
――さあて

えらいことになるぞ……!
その言葉《ことば》通《どお》り
ウィルヘルムの論文《ろんぶん》は
すぐに世界中《せかいじゅう》の科学者《かがくしゃ》に
衝撃《しょうげき》をあたえました
Die Presse.
Wien, Sonntag den 5. Jänner 1896.
各国《かっこく》の新聞《しんぶん》でも紹介《しょうかい》され
科学者《かがくしゃ》だけでなく 一般《いっぱん》の
人《ひと》びとにも知《し》れわたります
そして──
時事新報

X線《エックスせん》発見《はっけん》のニュースは ウィルヘルムの予想《よそう》をこえた 大《おお》きな反響《はんきょう》をよんだのでした
レントゲン博士《はかせ》!! 一言《ひとこと》お願《ねが》いします!
わあ
お写真《しゃしん》だけでもいいですから!!
わあ
ここは大学《だいがく》です おしずかに! みなさん おしずかに!!
わあ
わあ
なんだ このさわぎは これじゃあ まともに 研究《けんきゅう》もできない!
わあ わあ
先生《せんせい》! 講演依頼《こうえんいらい》の電報《でんぽう》が山《やま》のように!
ことわってくれ 全部《ぜんぶ》!!
ぼくは 研究《けんきゅう》がしたいんだ!

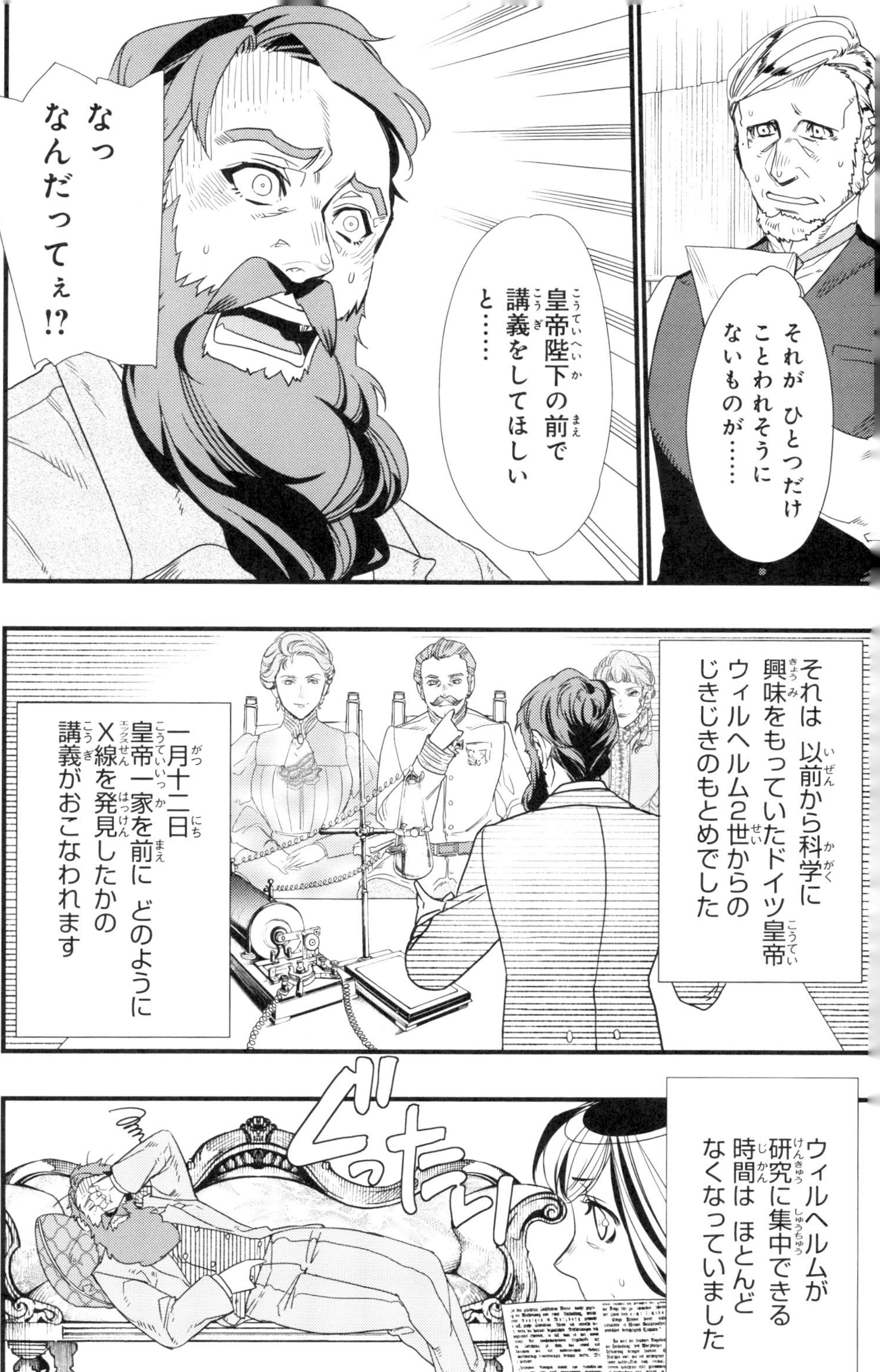
それが ひとつだけ
ことわれそうに
ないものが……
皇帝陛下《こうていへいか》の前《まえ》で
講義《こうぎ》をしてほしい
と……
なっ
なんだってぇ!?
それは 以前《いぜん》から科学《かがく》に
興味《きょうみ》をもっていたドイツ皇帝《こうてい》
ヴィルヘルム2世《せい》からの
じきじきのもとめでした
一月《がつ》十二日《にち》
皇帝一家《こうていいっか》を前《まえ》に どのように
X線《エックスせん》を発見《はっけん》したかの
講義《こうぎ》がおこなわれます
ウィルヘルムが
研究《けんきゅう》に集中《しゅうちゅう》できる
時間《じかん》は ほとんど
なくなっていました
ぐったー!

だいじょうぶ ウィリー? 少《すこ》し休《やす》んだほうがいいわ
ははは
こんなさわぎは すぐにおさまるさ
ひと息《いき》ついたら また旅行《りょこう》しよう
ざわ
それに 大学《だいがく》での 講演《こうえん》だけは やらないと
ぼくは 学長《がくちょう》だからね
ほとんどの講演《こうえん》を ことわった ウィルヘルムでしたが
ビュルツブルク大学《だいがく》 物理医学協会主催《ぶつりいがくきょうかいしゅさい》の 講演《こうえん》だけは ひきうけていたのです
ざわ
一月《がつ》二十三日《にち》の 講演当日《こうえんとうじつ》
会場《かいじょう》は 学生《がくせい》や医者《いしゃ》 軍人《ぐんじん》や 政治家《せいじか》など さまざまな 人《ひと》で満員《まんいん》でした
ぎゅう
ぎゅう
カツン

熱烈《ねつれつ》なおむかえ
ありがとう　みなさん!!
聴衆《ちょうしゅう》に熱《あつ》くむかえられ
この日《ひ》の講演《こうえん》は
大成功《だいせいこう》をおさめます

その少《すこ》し前《まえ》 一月《がつ》はじめ ドイツ北部《ほくぶ》 ハンブルクの 大学病院《だいがくびょういん》――
読《よ》んだかい？ レントゲン博士《はかせ》の 論文《ろんぶん》!!
あれは すごいぞ 医学界《いがくかい》に革命《かくめい》が おきる！
X線《エックスせん》で患者《かんじゃ》の体《からだ》の なかを見《み》られれば
より正確《せいかく》に 診断《しんだん》できる！
きのうは 興奮《こうふん》して ねむれなかったよ
外科医長《げかいちょう》 キュンメル
こうして 現代《げんだい》の レントゲン撮影《さつえい》につながる 医学用《いがくよう》X線《エックスせん》装置《そうち》が つくられることになります
ウィルヘルム自身《じしん》も X線《エックスせん》が医学《いがく》に活用《かつよう》 されることに 可能性《かのうせい》を 感《かん》じていたのでした
X線《エックスせん》の医学利用《いがくりよう》!! うれしいなあ！
学者《がくしゃ》が人《ひと》の役《やく》に 立《た》てる日《ひ》が来《き》たよ
あら？ お父《とう》さん

外《そと》から音楽《おんがく》が聞《き》こえるわ！
どれどれ いったい なにごとだろうね？
あれは！
楽団《がくだん》の行進《こうしん》？ 学生《がくせい》たちだ！
？
うちに入《はい》ってくるみたい……
ウィリー！ お客《きゃく》さんよ
学生《がくせい》たちだね なんだろう？
レントゲン先生《せんせい》！ 世紀《せいき》の大発見《だいはっけん》 おめでとうございます
ぼくたち ビュルツブルク大学《だいがく》の 学生一同《がくせいいちどう》！
お祝《いわ》いを 申《もう》しあげたくて 来《き》ました!!

ききみたち……
ありがとう!!
ほろり
ぜひ外《そと》の仲間《なかま》たちにもお言葉《ことば》をかけてやってください 先生《せんせい》!
ギャ
ワァァァァ

学生諸君《がくせいしょくん》!! このように祝《いわ》ってくれることを最高《さいこう》の名誉《めいよ》に思《おも》う!
もし 諸君《しょくん》のだれかがおなじような名誉《めいよ》をあたえられる日《ひ》が来《き》たなら私《わたし》はじつに幸《しあわ》せであり――
私《わたし》が その人《ひと》を祝福《しゅくふく》する最初《さいしょ》の人《ひと》であることをおぼえていてほしい!
努力《どりょく》により成功《せいこう》し 進歩《しんぽ》が達成《たっせい》される この喜《よろこ》びを諸君《しょくん》も得《え》られることを願《ねが》って
今夜《こんや》 みんなを万歳三唱《ばんざいさんしょう》したい!!
ありがとう!!
ワァァァァ

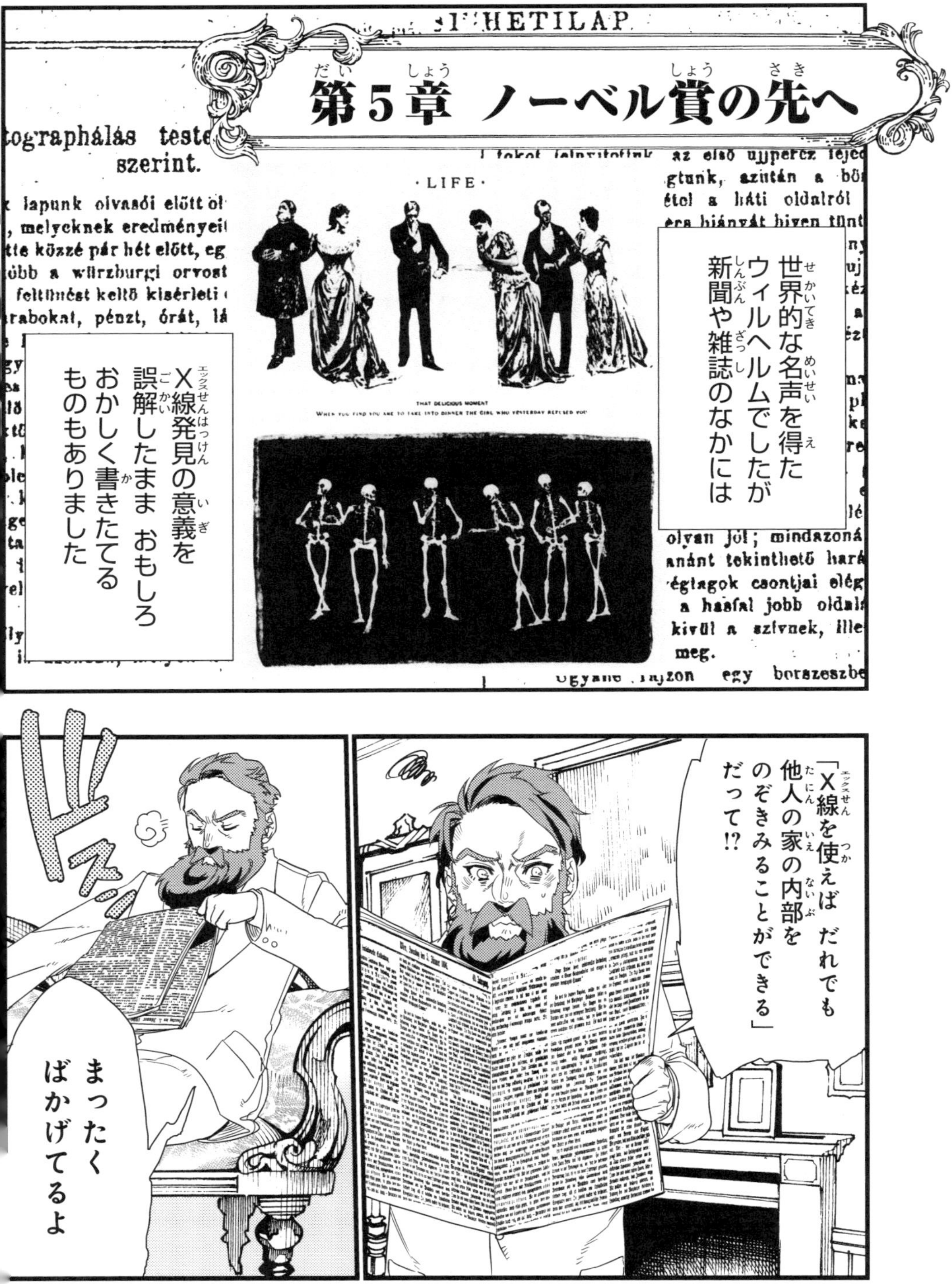

第《だい》5章《しょう》 ノーベル賞《しょう》の先《さき》へ
世界的《せかいてき》な名声《めいせい》を得《え》た ウィルヘルムでしたが 新聞《しんぶん》や雑誌《ざっし》のなかには
X線《エックスせん》発見《はっけん》の意義《いぎ》を 誤解《ごかい》したまま おもしろおかしく書《か》きたてる ものもありました
「X線《エックスせん》を使《つか》えば だれでも 他人《たにん》の家《いえ》の内部《ないぶ》を のぞきみることができる」 だって!?
ドスッ
まったく ばかげてるよ

いつしか
ウィルヘルムは
世間《せけん》とのつきあいに
つかれはててしまいます
気分転換《きぶんてんかん》の旅行先《りょこうさき》で
記者《きしゃ》にまちぶせされる
ことなどもありました
イタリアにて
新聞《しんぶん》に「黒《くろ》い背広《せびろ》」って
書《か》かれたから 目印《めじるし》に
なっているのかな
茶色《ちゃいろ》いのをもって
くればよかったよ
旅行《りょこう》からもどっても
たくさんの手紙《てがみ》や
電報《でんぽう》がウィルヘルムを
まっています
なかには ウィルヘルムを
おとしめるような内容《ないよう》の
ものもあり ますます人《ひと》と
あいたがらなくなって
いきました
一九〇〇年《ねん》に
ミュンヘン大学《だいがく》へ赴任《ふにん》
そして その翌年《よくとし》は
記念《きねん》すべき
年《とし》になります

一九〇一年
ノーベル賞《しょう》の設立《せつりつ》——
スウェーデンの科学者《かがくしゃ》 アルフレッド・ノーベルの遺言《ゆいごん》にしたがい 人類《じんるい》の進歩《しんぽ》に貢献《こうけん》した人《ひと》をたたえる賞《しょう》で
ALFR- NOBEL
この賞《しょう》のうち 第《だい》1回《かい》の物理学賞《ぶつりがくしょう》を ウィルヘルムが受賞《じゅしょう》したのです
ウィルヘルムは高名《こうめい》な学者《がくしゃ》たちによる投票《とうひょう》の結果《けっか》 圧倒的《あっとうてき》多数《たすう》で受賞者《じゅしょうしゃ》にえらばれ
おめでとう ウィリー！ 授賞式《じゅしょうしき》 楽《たの》しんできてね
スウェーデンでおこなわれる授賞式《じゅしょうしき》に出席《しゅっせき》することになりました
ベルタさん…… すぐもどるね
最近《さいきん》また ベルタさんの体調《たいちょう》が悪《わる》いから 心配《しんぱい》だな……

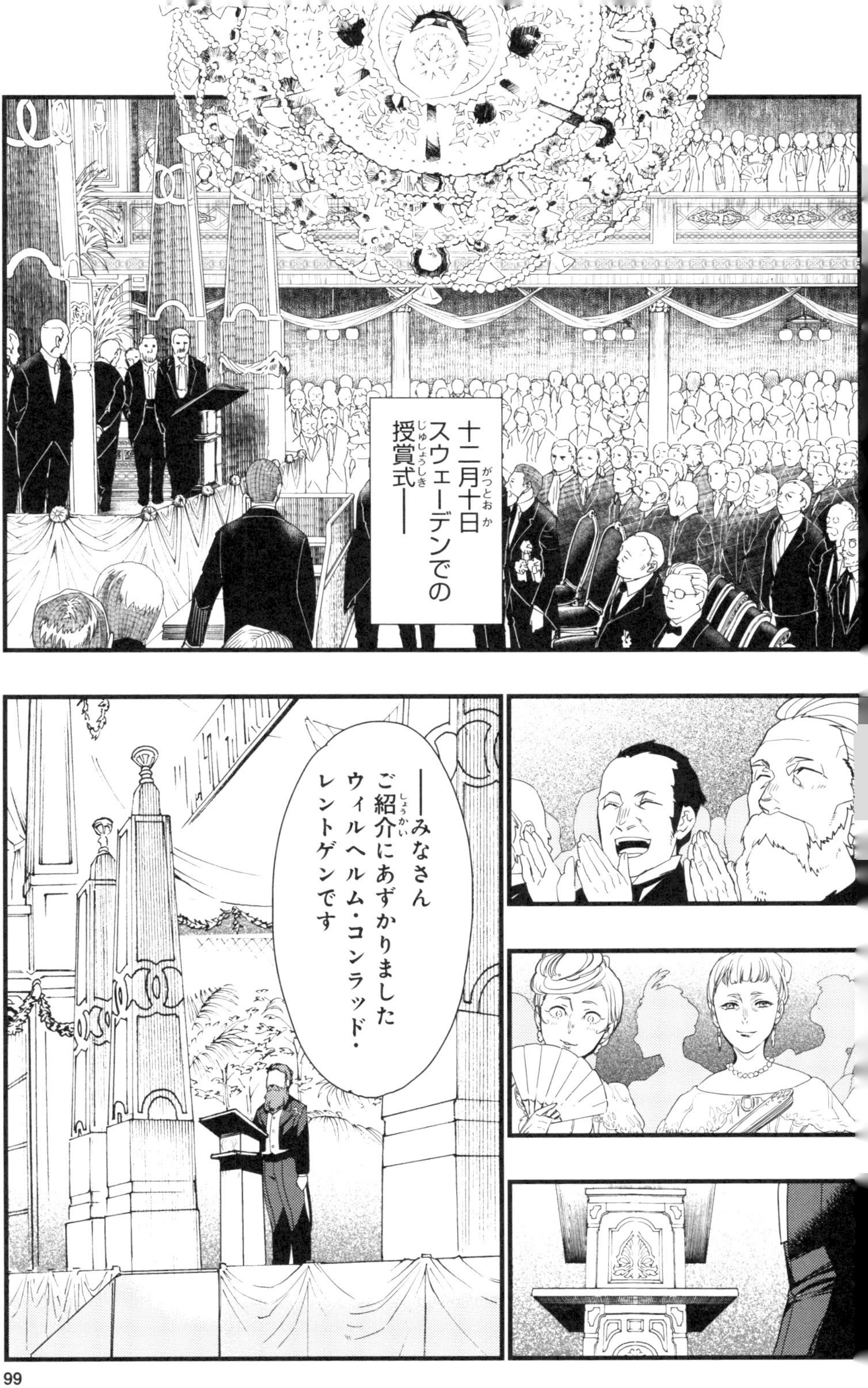
十二月《がつ》十日《とおか》
スウェーデンでの
授賞式《じゅしょうしき》――
――みなさん
ご紹介《しょうかい》にあずかりました
ウィルヘルム・コンラッド・
レントゲンです

ひとりの物理学者《ぶつりがくしゃ》として
この研究《けんきゅう》がみとめられた
ことは たいへん喜《よろこ》ばしく
人類《じんるい》のために 私心《ししん》なく研究《けんきゅう》を
続《つづ》ける科学者《かがくしゃ》たちにとって
よい刺激《しげき》になるでしょう
――科学者《かがくしゃ》の研究《けんきゅう》とは
先人《せんじん》たちの
研究成果《けんきゅうせいか》のうえに
私《わたし》たち後進《こうしん》のものが
さらに研究《けんきゅう》をつみあげ
進歩《しんぽ》するものです
今回《こんかい》
私《わたし》は単独《たんどく》で受賞《じゅしょう》する
ことになりましたが
X線《エックスせん》の発見《はっけん》は これまで
研究《けんきゅう》を続《つづ》けてきた科学者《かがくしゃ》
みんなの成果《せいか》です

パチパチパチパチパチ
ワアアアア
ノーベル賞受賞《しょうじゅしょう》の賞金《しょうきん》は
すべてビュルツブルク大学《だいがく》に
寄付《きふ》し これからの科学振興《かがくしんこう》に
役立《やくだ》てたいと思《おも》います
ワアアアア
パチパチパチパチパチ

ウィルヘルムは
その後《ご》 家族《かぞく》との時間《じかん》を
大切《たいせつ》にしながら
研究《けんきゅう》や教育《きょういく》に
力《ちから》をそそぎました
しかし――
一九一四年《ねん》
※第一次世界大戦《だいいちじせかいたいせん》が勃発《ぼっぱつ》
ウィルヘルムは
ドイツ国民《こくみん》の義務《ぎむ》として
X線《エックスせん》の発見《はっけん》で得《え》た財産《ざいさん》を
母国《ぼこく》にさしだします
ドイツと敵対《てきたい》する国《くに》では
敵国《てきこく》の人間《にんげん》だとして
学会《がっかい》の名誉会員《めいよかいいん》の地位《ちい》などを
とりけされましたが
X線《エックスせん》は 戦争《せんそう》できずを
おった人《ひと》たちの診療《しんりょう》に
大《おお》いに役立《やくだ》ったのです

※ドイツ、オーストリア、イタリアの「三国同盟《さんごくどうめい》」と、イギリス、フランス、ロシアの「三国協商《さんごくきょうしょう》」との対立《たいりつ》を中心《ちゅうしん》に、多《おお》くの国《くに》をまきこんでおこった最初《さいしょ》の世界戦争《せかいせんそう》

そして一九一八年《ねん》
ドイツは敗戦《はいせん》――
さらに翌年《よくとし》には
ベルタの体調《たいちょう》が悪化《あっか》し
ウィルヘルムに見守《みまも》られ
ながら亡《な》くなります

悲《かな》しみのなか
ウィルヘルムは
大学《だいがく》を辞任《じにん》 ひっそりと
くらすようになりました

晩年《ばんねん》 ウィルヘルムは
友人《ゆうじん》にさそわれて
家族《かぞく》との思《おも》い出《で》の地《ち》
スイスに旅行《りょこう》します
戦争《せんそう》があっても
ここの美《うつく》しさは
かわらないんだな

ベルタさん ぼくは
自分《じぶん》が正《ただ》しいと思《おも》うことを
やってきたんだ
悔《く》いなんかないから
心配《しんぱい》しないで
おくれよ
一九二三年《ねん》二月《がつ》十日《とおか》
ウィルヘルムは
ドイツ・ミュンヘンの
自宅《じたく》で亡《な》くなります
先人《せんじん》の知識《ちしき》をうけつぎ
さらに実験《じっけん》をつみかさねて
世紀《せいき》の大発見《だいはっけん》をなしとげた
ウィルヘルム・コンラッド・
レントゲン
X線《エックスせん》の発見《はっけん》から100年以上《ねんいじょう》
たった現在《げんざい》でも 彼《かれ》の発見《はっけん》は
物理学《ぶつりがく》はもちろんのこと
医学《いがく》・科学《かがく》・天文学《てんもんがく》など
多《おお》くの分野《ぶんや》で応用《おうよう》され
未来《みらい》を照《て》らしつづけています

Wilhelm Conrad Röntgen

ためになる学習《がくしゅう》資《し》料室《りょうしつ》

もっとよくわかる レントゲン

基礎知識《きそちしき》 解説《かいせつ》

レントゲンの生《い》きた時代《じだい》

レントゲンが生《う》まれたのは、ヨーロッパを革命《かくめい》の嵐《あらし》がかけぬけた時代《じだい》でした。当時《とうじ》の時代背景《じだいはいけい》を見《み》ていきましょう。

市民革命《しみんかくめい》の波《なみ》

レントゲンが生《う》まれた19世紀《せいき》は、ヨーロッパ各国《かっこく》で「市民革命《しみんかくめい》」とよばれる運動《うんどう》がさかんになった時代《じだい》でした。市民革命《しみんかくめい》とは、市民《しみん》たちが王《おう》や貴族《きぞく》、一部《いちぶ》のお金持《かねも》ちなど、富《とみ》や権力《けんりょく》を独占《どくせん》する人《ひと》びとを倒《たお》して公平《こうへい》な社会《しゃかい》をつくろうとする運動《うんどう》のことをいいます。フランスでは1830年《ねん》7月《がつ》、国王《こくおう》シャルル10世《せい》の圧政《あっせい》に対《たい》してパリの市民《しみん》が立《た》ちあがり、国王《こくおう》を追放《ついほう》します（七月革命《しちがつかくめい》）。さらに1848年《ねん》2月《がつ》、貧《まず》しい学生《がくせい》や労働者《ろうどうしゃ》たちがパリで大規模《だいきぼ》なデモ行進《こうしん》をお

ウィルヘルム・コンラッド・レントゲン
(1845〜1923年《ねん》)

こない、シャルル10世《せい》にかわって王座《おうざ》についたルイ＝フィリップも国外《こくがい》に追《お》いだすことに成功《せいこう》したのです（二月革命《にがつかくめい》）。フランスでの革命《かくめい》のニュースは、すぐにヨーロッパ中《じゅう》に広《ひろ》まり、多《おお》くの国《くに》で、同《おな》じように一部《いちぶ》の上流階級《じょうりゅうかいきゅう》の人《ひと》びとに対《たい》する不満《ふまん》をかかえていた市民《しみん》たちが、革命《かくめい》をおこすこととなったのです。

ドイツ連邦《れんぽう》

19世紀前半《せいきぜんはん》のドイツ連邦《れんぽう》の地図《ちず》

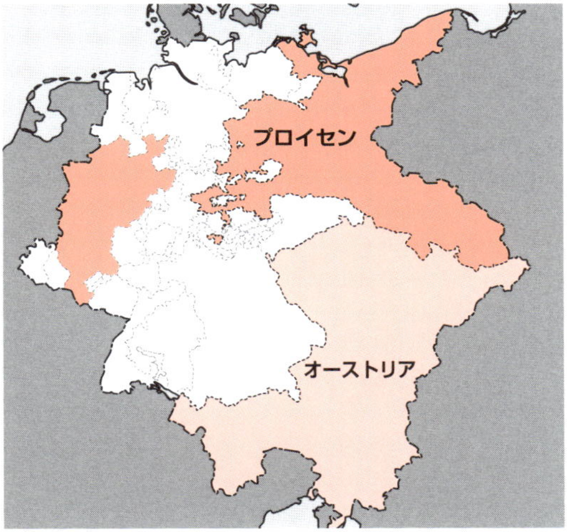

レントゲンが生《う》まれた当時《とうじ》のドイツは、39の国《くに》や都市《とし》が集《あつ》まってできた「連邦国家《れんぽうこっか》」でした。その中心《ちゅうしん》となっていたのは、レントゲンの生《う》まれた町《まち》、レンネップのあるプロイセン王国《おうこく》と、オーストリア帝国《ていこく》というふたつの国《くに》です。プロイセンとオーストリアは、連邦《れんぽう》の中《なか》でどちらの立場《たちば》が上《うえ》か、つねに競《きそ》いあっていました。

諸国民《しょこくみん》の春《はる》

フランスの二月革命《にがつかくめい》は、オーストリア、ハンガリー、ドイツなどで市民《しみん》たちが革命《かくめい》をおこすきっかけとなりました。
これらの国《くに》ぐにで、ほぼ同時《どうじ》におきた市民革命《しみんかくめい》を、ひとまとめにして「諸国民《しょこくみん》の春《はる》」とよびます。

パリ市庁舎《しちょうしゃ》の前《まえ》で二月革命《にがつかくめい》の成功《せいこう》を喜《よろこ》ぶ市民《しみん》たち

市民革命《しみんかくめい》によるドイツの混乱《こんらん》

1848年《ねん》3月《がつ》、フランスでの二月革命《にがつかくめい》の成功《せいこう》をきっかけに、レントゲンの生《う》まれたドイツ連邦《れんぽう》でも、三月革命《さんがつかくめい》とよばれる民衆《みんしゅう》による暴動《ぼうどう》がおこり、同年《どうねん》5月《がつ》にはドイツではじめての民《みん》主的《しゅてき》な議会《ぎかい》となる「フランクフルト国民議会《こくみんぎかい》」が開《ひら》かれました。

しかし、ドイツの統一《とういつ》が話《はな》しあわれたこの議会《ぎかい》では、オーストリアを中心《ちゅうしん》に統一《とういつ》を進《すす》めるか、オーストリアを除《のぞ》いてプロイセンを中心《ちゅうしん》に進《すす》めるかで、対《たい》立《りつ》がおこりました。

意見《いけん》の対立《たいりつ》が続《つづ》くあいだに、革命以前《かくめいいぜん》の体制《たいせい》をのぞむ人《ひと》びとが勢力《せいりょく》を回復《かいふく》し、結局《けっきょく》、議会《ぎかい》は

フランクフルト国民議会《こくみんぎかい》のようすを描《えが》いた絵画《かいが》。天井近《てんじょうちか》くには、ドイツ民族《みんぞく》全体《ぜんたい》を象徴《しょうちょう》する「ゲルマニア」という女性《じょせい》の絵《え》がかざられています。

『ゲルマニア』（フィリップ・ファイト／1848年《ねん》）

19世紀《せいき》に描《えが》かれたゲルマニアの姿《すがた》。ドイツ国家《こっか》の象徴《しょうちょう》である鷲《わし》の描《えが》かれた胸当《むねあ》ては「力強《ちからづよ》さ」を、剣《けん》は「戦《たたか》いへの備《そな》え」を、樫《かし》の葉《は》の冠《かんむり》は「英雄性《えいゆうせい》」をあらわしています。

背景《はいけい》にはドイツとフランスの国境《こっきょう》を流《なが》れるライン河《がわ》が描《えが》かれ、のぼってくる朝日《あさひ》の光《ひかり》が新《あたら》しい時代《じだい》の始《はじ》まりを象徴《しょうちょう》しています。

翌年《よくとし》の6月《がつ》には、プロイセン軍《ぐん》によって解散《かいさん》させられてしまいました。こうして、ドイツにおける市民革命《しみんかくめい》は失敗《しっぱい》に終《お》わったのです。

ドイツ連邦《れんぽう》はその後《ご》、プロイセンとオーストリアが戦《たたか》った「普墺戦争《ふおうせんそう》」に勝利《しょうり》したプロイセンにより解体《かいたい》され、1871年《ねん》1月《がつ》、プロイセン国王《こくおう》ウィルヘルム1世《せい》を皇帝《こうてい》とする「ドイツ帝国《ていこく》」として、オーストリアを除《のぞ》いた形《かたち》であらためて統一《とういつ》されることとなるのです。

ヨーロッパの大学《だいがく》

ヨーロッパの大学《だいがく》はもともと、知識《ちしき》を得《え》たい学生《がくせい》たちと、授業料《じゅぎょうりょう》で生活《せいかつ》する教師《きょうし》たちが団結《だんけつ》し、学《まな》ぶための権利《けんり》を守《まも》る組合《くみあい》（ギルド）として、12世紀《せいき》ごろに誕生《たんじょう》しました。

はじめ、大学教授《だいがくきょうじゅ》のおもな役割《やくわり》は、自分《じぶん》たちが学《まな》んだ知識《ちしき》を学生《がくせい》につたえることでした。しかし19世紀《せいき》に入《はい》ると、大学《だいがく》での科学研究《かがくけんきゅう》が本格化《ほんかくか》し、研究者《けんきゅうしゃ》としての役割《やくわり》が強《つよ》くなっていったのでした。

レントゲンが教《おし》えていたビュルツブルク大学《だいがく》

photo taken by Robert Emmerich

12世紀《せいき》から19世紀《せいき》のヨーロッパの学問《がくもん》

12世紀《せいき》ごろ、大学《だいがく》での学問《がくもん》の中心《ちゅうしん》は、キリスト教《きょう》や聖書《せいしょ》の教《おし》えを学《まな》ぶ「神学《しんがく》」と、法律《ほうりつ》を研究《けんきゅう》する「法《ほう》学《がく》」でした。当時《とうじ》、キリスト教《きょう》は、神《かみ》の名《な》において人《ひと》を裁《さば》く根拠《こんきょ》として考《かんが》えられ、ふたつの学問《がくもん》は強《つよ》く結《むす》びついていたのです。

13世紀《せいき》までには、そこに「医学《いがく》」がくわわり、17世紀《せいき》ごろには「物理学《ぶつりがく》」や「化学《かがく》」など自然科学《しぜんかがく》の研《けん》究《きゅう》が進《すす》みました。また、「哲学《てつがく》」は18世紀《せいき》までは学問全般《がくもんぜんぱん》を意味《いみ》し、すべての学問《がくもん》の基礎《きそ》として重視《じゅうし》されました。19世紀《せいき》になると、物理学《ぶつりがく》や化学《かがく》にくわえ「数学《すうがく》」が急速《きゅうそく》に発達《はったつ》しました。

一方《いっぽう》で、19世紀《せいき》に入《はい》ってもなお、「音楽《おんがく》」や「美術《びじゅつ》」、自然科学《しぜんかがく》を工業《こうぎょう》に応用《おうよう》する「工学《こうがく》」などは正式《せいしき》な学問《がくもん》とはみなされず、大学《だいがく》とは別《べつ》の、専門《せんもん》の学校《がっこう》で学《まな》ばれていました。

基礎知識《きそちしき》

解説《かいせつ》

X線《エックスせん》の発見《はっけん》と利用《りよう》

レントゲンが研究《けんきゅう》していた物理学《ぶつりがく》と、その最大《さいだい》の発見《はっけん》であるX線《エックスせん》について学《まな》んでいきましょう。

物理学《ぶつりがく》とは

物理学《ぶつりがく》とは、「この世界《せかい》でおこる自然現象《しぜんげんしょう》は、すべてが一定《いってい》の法則《ほうそく》にしたがっていると考《かんが》え、その法則《ほうそく》をときあかそうとする学問《がくもん》」です。たとえば、「水《みず》は熱《ねっ》すれば沸騰《ふっとう》し、冷《ひ》やせば凍《こお》る」、「物《もの》は上《うえ》から下《した》へ落《お》ちる」などという、身《み》のまわりであたりまえに見《み》られる現象《げんしょう》が、どんな法則《ほうそく》にもとづいているのかを、実験《じっけん》や計算《けいさん》によってあきらかにしていくのです。

研究《けんきゅう》の対象《たいしょう》となるのは、光《ひかり》や電気《でんき》、熱《ねつ》の性質《せいしつ》や物体《ぶったい》の運動《うんどう》など、あらゆる自然現象《しぜんげんしょう》です。また、研究《けんきゅう》の手法《しゅほう》も、実験《じっけん》の結果《けっか》から事実《じじつ》をあきらかにする「実験物理学《けんぶつりがく》」や、理論《りろん》と計算《けいさん》から推測《すいそく》する「理論物理学《りろんぶつりがく》」、コンピューターシミュレーションを活用《かつよう》する「計算物理学《けいさんぶつりがく》」などさまざまです。レントゲンの研究《けんきゅう》

レントゲンの実験室《じっけんしつ》

その功績《こうせき》を記念《きねん》して、レントゲンがX線《エックスせん》を発見《はっけん》した実験室《じっけんしつ》が、当時《とうじ》のままの姿《すがた》で保存《ほぞん》されています。

ビュルツブルク・シュバインフルト大学《だいがく》（旧《きゅう》ビュルツブルク大学《だいがく》）の敷地内《しきちない》にあり、当時《とうじ》の物理実験《ぶつりじっけん》に関《かん》するデータなども展示《てんじ》されています。

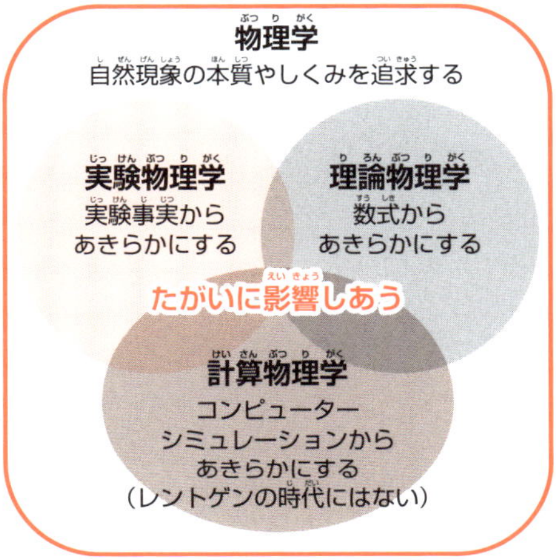
物理学《ぶつりがく》
自然現象《しぜんげんしょう》の本質《ほんしつ》やしくみを追求《ついきゅう》する
実験物理学《じっけんぶつりがく》
実験事実《じっけんじじつ》から
あきらかにする
理論物理学《りろんぶつりがく》
数式《すうしき》から
あきらかにする
たがいに影響《えいきょう》しあう
計算物理学《けいさんぶつりがく》
コンピューター
シミュレーションから
あきらかにする
（レントゲンの時代《じだい》にはない）

物理学《ぶつりがく》の研究手法《けんきゅうしゅほう》

は、このうち実験物理学《じっけんぶつりがく》に分類《ぶんるい》されるものでした。

世界中《せかいじゅう》の物理学者《ぶつりがくしゃ》たちは、新発見《しんはっけん》があれば、その内容《ないよう》をみんなで確認《かくにん》しあい、さらに発展的《はってんてき》な研究《けんきゅう》にその成果《せいか》をいかしました。そのようにして長《なが》い年月《ねんげつ》をかけて、彼《かれ》らは少《すこ》しずつ自然《しぜん》の法則《ほうそく》をときあかしてきたのです。

電気《でんき》の研究《けんきゅう》から生《う》まれたX線《エックスせん》の発見《はっけん》

18世紀《せいき》から、レントゲンが生《う》まれた19世紀《せいき》にかけては、電気《でんき》の性質《せいしつ》が次《つぎ》つぎにあきらかになった時代《じだい》でした。X線発見《エックスせんはっけん》のきっかけになったのも、電気《でんき》の性質《せいしつ》を研究《けんきゅう》するための「真空放電《しんくうほうでん》」という現象《げんしょう》についての実験《じっけん》です。

1752年《ねん》、ベンジャミン・フランクリンというアメリカの物理学者《ぶつりがくしゃ》が、空《そら》高《たか》くあげた凧《たこ》に雷《かみなり》を落《お》とす実験《じっけん》を通《つう》じて、雷《かみなり》が電気《でんき》であることを発見《はっけん》しまし

レントゲンの生《い》きた時代《じだい》に知《し》られていた電気《でんき》の性質《せいしつ》

- 電気《でんき》は、物質《ぶっしつ》にたまる性質《せいしつ》がある。たまった電気《でんき》を「静電気《せいでんき》」という。
- 電気《でんき》には、プラスの性質《せいしつ》をもった電気《でんき》と、マイナスの性質《せいしつ》をもった電気《でんき》の2種類《しゅるい》がある。
- ことなる性質《せいしつ》の電気《でんき》にはひきあう力《ちから》が、同《おな》じ性質《せいしつ》の電気《でんき》にはしりぞけあう力《ちから》がはたらく。
- ひきあったりしりぞけあったりする力《ちから》は、はなれていてもはたらく。
- ことなる性質《せいしつ》の電気《でんき》をもった物質《ぶっしつ》どうしがふれると、ふたつ物質《ぶっしつ》のあいだを電気《でんき》が流《なが》れ、「電流《でんりゅう》」となる。
- ふたつの物質《ぶっしつ》が直接《ちょくせつ》ふれていなくても、電気《でんき》が空間《くうかん》を移動《いどう》する「放電《ほうでん》」がおこることがある。

た。さらに物理学者《ぶつりがくしゃ》たちは、ふつうは空気中《くうきちゅう》を流《なが》れない電気《でんき》が、ふたつの物質《ぶっしつ》のあいだを移動《いどう》しようとする力《ちから》（電圧《でんあつ》）がとても強《つよ》いときには、雷《かみなり》のように空気中《くうきちゅう》を流《なが》れることをつきとめます。この現象《げんしょう》は「放電《ほうでん》」と名《な》づけられました。さらに、空気《くうき》をぬいたガラス管《かん》のなかで人工的《じんこうてき》に放電《ほうでん》をおこすと、放電《ほうでん》を光《ひかり》として観察《かんさつ》できることもわかりました。これが真空放電《しんくうほうでん》です。

19世紀後半《せいきこうはん》、この真空放電《しんくうほうでん》を観察《かんさつ》することで、「電気《でんき》の移動《いどう》を可能《かのう》にしているものは何《なに》か」を研究《けんきゅう》することが、物理学者《ぶつりがくしゃ》たちのあいだで一大《いちだい》ブームになります。物理学者《ぶつりがくしゃ》たちは、研究《けんきゅう》の目的《もくてき》にあわせて、さまざまなくふうをこらしたガラス管《かん》をもちいて実験《じっけん》をおこなっていました。

レントゲンも、「クルックス管《かん》」や「レーナルト管《かん》」といったガラス管《かん》をもちいて、電気《でんき》のもとになると考《かんが》えられた「陰極線《いんきょくせん》」の性質《せいしつ》を研究《けんきゅう》しようとしていました。そして、この陰極線《いんきょくせん》の実験《じっけん》のなかで、偶然《ぐうぜん》にX線《エックスせん》を発見《はっけん》したのでした。

X線《エックスせん》写真《しゃしん》のしくみ

X線《エックスせん》と聞《き》いて多《おお》くの人《ひと》びとがいちばんに思《おも》いうかべるのは、病院《びょういん》で撮影《さつえい》するX線写真《エックスせんしゃしん》（レントゲン写真《しゃしん》）でしょう。

真空放電《しんくうほうでん》と電子《でんし》

右《みぎ》の図《ず》は、クルックス管《かん》という器具《きぐ》をもちいた真空放電《しんくうほうでん》のようすをあらわしたものです。電流《でんりゅう》のもととなる「目《め》に見《み》えない何《なに》か」がマイナス極《きょく》（陰極《いんきょく》）からプラス極《きょく》（陽極《ようきょく》）へ飛《と》んでいることがわかります。この「何《なに》か」は「陰極線《いんきょくせん》」とよばれ、その流《なが》れが電流《でんりゅう》であることがあきらかにされました。
現在《げんざい》では、陰極線《いんきょくせん》の正体《しょうたい》は「電子《でんし》」という非常《ひじょう》に小《ち》さな粒子《りゅうし》であることもわかっています。

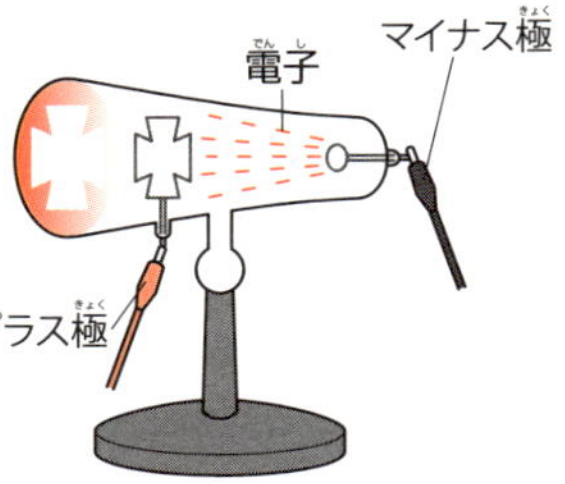

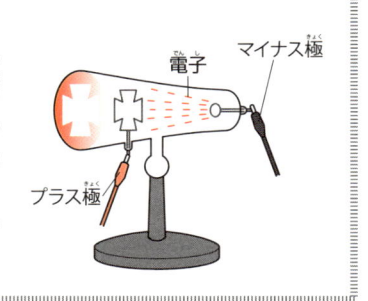

X線写真《エックスせんしゃしん》は、X線《エックスせん》のもつ3つの性質《せいしつ》を利用《りよう》しています。その性質《せいしつ》とは、「ぶつかった物質《ぶっしつ》を通《とお》りぬける」、「物質《ぶっしつ》によって通《とお》りぬけやすさがちがう」、「写真《しゃしん》のフィルムを黒《くろ》く変色《へんしょく》させる」というものです。

うしろに白《しろ》いフィルムをおいた状態《じょうたい》の人体《じんたい》にむけてX線《エックスせん》を放《はな》つと、X線《エックスせん》が通《つう》過《か》しやすい皮膚《ひふ》や筋肉《きんにく》のある部分《ぶぶん》のフィルムは、反応《はんのう》して黒《くろ》くなります。反対《はんたい》に、骨《ほね》や金属《きんぞく》など、X線《エックスせん》が通過《つうか》しにくい部分《ぶぶん》のフィルムは白《しろ》いままとなるので、それらだけが白《しろ》く透《す》きとおったように見《み》える写真《しゃしん》ができあがるのです。

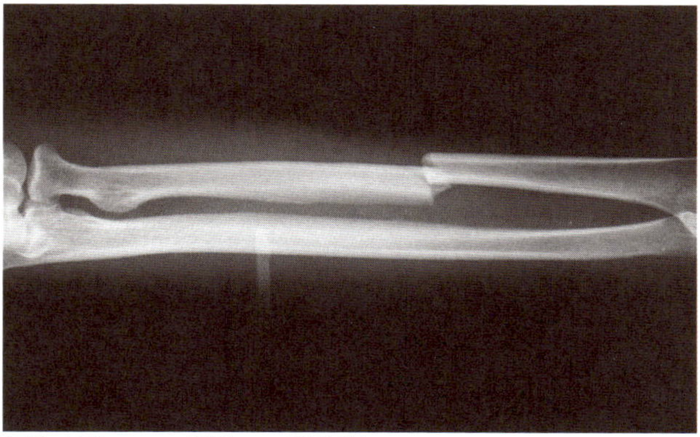
骨折《こっせつ》の診断《しんだん》のために撮影《さつえい》されたX線写真《エックスせんしゃしん》

現代《げんだい》では、体《からだ》を通過《つうか》したX線《エックスせん》をビデオカメラで撮影《さつえい》したり、くりかえし利用《りよう》できるイメージングプレートという特殊《とくしゅ》な板《いた》に記録《きろく》したり、という方法《ほうほう》ももちいられています。

これらはデジタルデータとして保存《ほぞん》や加工《かこう》ができ、より正確《せいかく》な診断《しんだん》に役立《やくだ》っています。

当時《とうじ》の社会《しゃかい》とX線《エックスせん》

「見《み》えないはずのものが見《み》える」というX線写真《エックスせんしゃしん》は、科学技術《かがくぎじゅつ》が日々進歩《ひびしんぽ》していった19世紀後半《せいきこうはん》においても、最大級《さいだいきゅう》の驚《おどろ》きでした。医者《いしゃ》は「手術《しゅじゅつ》の前《まえ》に骨折《こっせつ》などの場所《ばしょ》がわかる」と喜《よろこ》び、軍人《ぐんじん》は「敵《てき》が隠《かく》している武器《ぶき》を発見《はっけん》できるかもしれない」と考《かんが》えました。その一方《いっぽう》で、一般《いっぱん》の人《ひと》びとのあいだでは、「X線《エックスせん》を使《つか》えば服《ふく》だけを透《す》かして裸《はだか》が見《み》える」などという誤解《ごかい》もひとり歩《ある》きし、透視《とうし》メガネのような詐欺商品《さぎしょうひん》も出《で》まわりました。

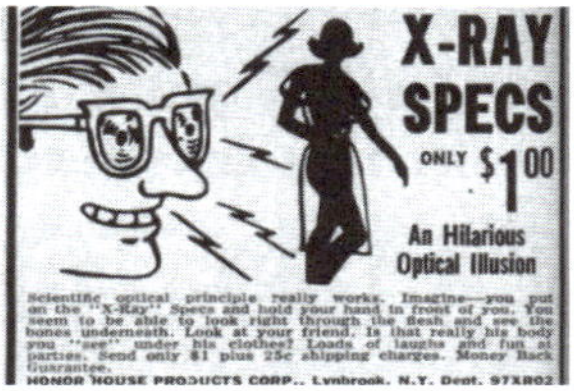

基礎知識《きそちしき》
解説《かいせつ》

最新《さいしん》のX線《エックスせん》利用《りよう》

X線《エックスせん》は、いまや医療《いりょう》はもちろん、さまざまな分野《ぶんや》に活用《かつよう》されています。その一部《いちぶ》を紹介《しょうかい》します。

医工学《いこうがく》の進化《しんか》

レントゲンの時代《じだい》には乾板《かんぱん》やフィルムを使《つか》って撮影《さつえい》していたX線写真《エックスせんしゃしん》も、いまやデジタルデータとしてあつかえるようになりました。これを利用《りよう》して、X線《エックスせん》で体《からだ》の断面図《だんめんず》を連続的《れんぞくてき》に撮影《さつえい》できるコンピューター断層撮影《だんそうさつえい》（CT《シーティー》）も一《いっ》般化《ぱんか》しています。ほかにも、X線《エックスせん》に反応《はんのう》する薬剤《やくざい》を血管《けっかん》に注入《ちゅうにゅう》することで、血《けっ》管《かん》のようすをくわしく調《しら》べることができる技術《ぎじゅつ》が開発《かいはつ》されるなど、けがや病気《びょうき》をより治療《ちりょう》しやすくするためのこころみが進《すす》められています。

ただしX線《エックスせん》は、大量《たいりょう》にあびると人体《じんたい》に有害《ゆうがい》な「放射線《ほうしゃせん》」の一種《いっしゅ》です。ふつうに検査《けんさ》を受《う》ける程度《ていど》では問題《もんだい》ありませんが、X線《エックスせん》をあつかう技師《ぎし》への影響《えいきょう》は無《む》視《し》できません。技師《ぎし》への影響《えいきょう》をへらすための研究《けんきゅう》が、いまも続《つづ》いています。

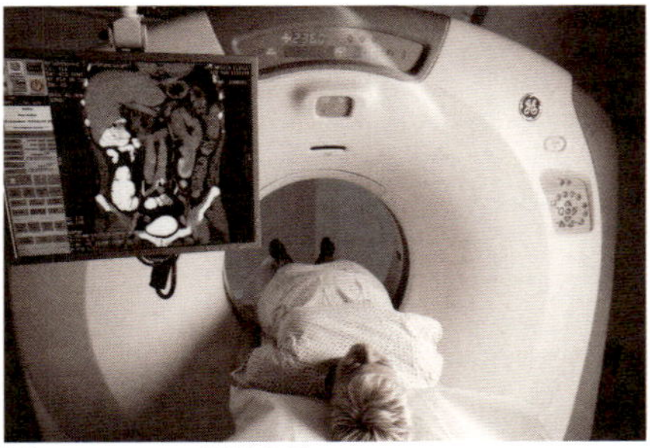

CT《シーティー》スキャナーと撮影画像《さつえいがぞう》
©Science Photo Library/amanaimages

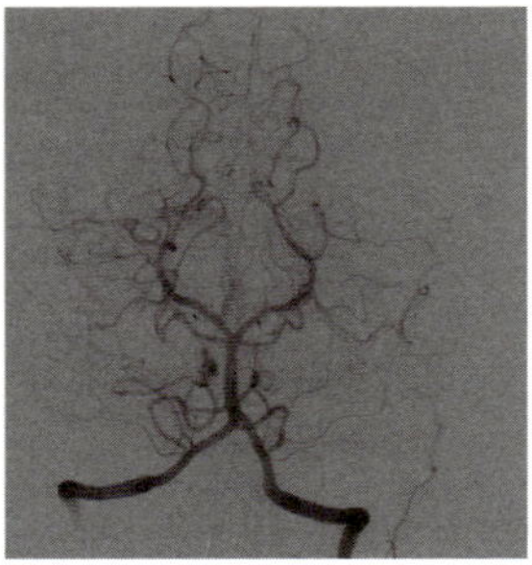

血管《けっかん》のX線写真《エックスせんしゃしん》

医療《いりょう》以外《いがい》での活用《かつよう》

X線《エックスせん》は、医療以外《いりょういがい》の分野《ぶんや》でも利用《りよう》されています。たとえば、ものを壊《こわ》すことなく内部《ないぶ》がわかるX線《エックスせん》の特長《とくちょう》を利用《りよう》することで、直接見《ちょくせつみ》ることのできない機械《きかい》の内側《うちがわ》や建物《たてもの》の壁《かべ》のなかなどを検査《けんさ》することができます。

また、空港《くうこう》では、旅行者《りょこうしゃ》のかばんや持《も》ちものをX線撮影《エックスせんさつえい》し、武器《ぶき》や爆《ばく》発物《はつぶつ》など危険《きけん》なものが飛行機《ひこうき》に持《も》ちこまれないよう、警戒《けいかい》しています。

そのほか、現代《げんだい》では天文学《てんもんがく》にもX《エックス》線《せん》が利用《りよう》されるなど、活躍《かつやく》の場《ば》はどんどん広《ひろ》がっています。レントゲンが見《み》いだしたX線《エックスせん》は、科学《かがく》の最先端《さいせんたん》で、彼《かれ》のあとに続《つづ》く研究者《けんきゅうしゃ》たちの道《みち》しるべとなっているのです。

空港《くうこう》でのX線検査《エックスせんけんさ》のようす。飛行機《ひこうき》に搭乗《とうじょう》する人《ひと》の荷物《にもつ》が透《す》けて見《み》えます。

X線天文学《エックスせんてんもんがく》

宇宙空間《うちゅうくうかん》には、X線《エックスせん》を放《はな》つ天体《てんたい》が数多《かずおお》く存在《そんざい》しています。そこから放射《ほうしゃ》されるX線《エックスせん》を観測《かんそく》することで、ブラックホールや遠《とお》くの銀河《ぎんが》のようすなど、ふつうの望遠鏡《ぼうえんきょう》では得《え》られない情報《じょうほう》を手《て》に入《い》れることができるのです。

1999年《ねん》にNASA《ナサ》が打《う》ちあげた「チャンドラ」は、X線《エックスせん》観測《かんそく》を専門《せんもん》とする人工衛星《じんこうえいせい》です。ここから得《え》られた情報《じょうほう》は、天文学《てんもんがく》に大《おお》きな進展《しんてん》をもたらしました。

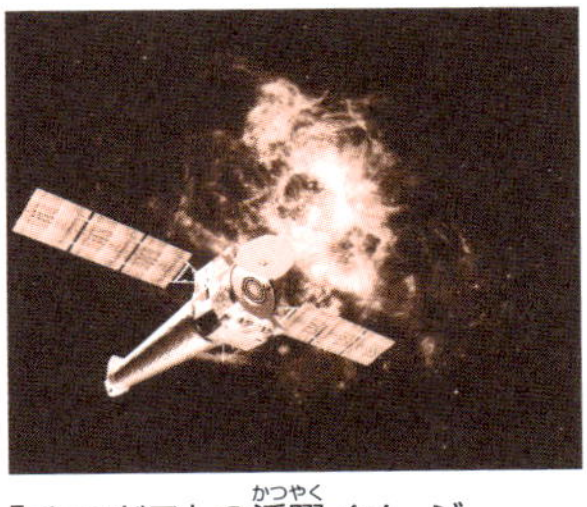
「チャンドラ」の活躍《かつやく》イメージ

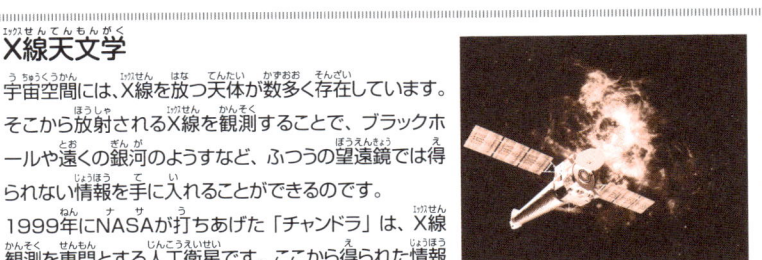

基礎知識《きそちしき》
解説《かいせつ》

ノーベル賞《しょう》とは

レントゲンが第《だい》1回《かい》の受賞者《じゅしょうしゃ》となった、ノーベル賞《しょう》について解説《かいせつ》します。

「ダイナマイト王《おう》」ノーベルの遺産《いさん》

ノーベル賞《しょう》は、スウェーデンの化学者《かがくしゃ》、アルフレッド・ノーベルの遺言《ゆいごん》でつくられた、人類《じんるい》の進歩《しんぽ》と平和《へいわ》に貢献《こうけん》した人《ひと》びとにおくられる賞《しょう》です。

ダイナマイトの発明《はつめい》で巨万《きょまん》の富《とみ》を築《きず》いたノーベルは、自分《じぶん》の死後《しご》、財産《ざいさん》を人《じん》類《るい》のために役立《やくだ》てたいと考《かんが》え、この賞《しょう》を設立《せつりつ》させました。

ノーベル賞《しょう》は、物理学賞《ぶつりがくしょう》、化学賞《かがくしょう》、生理学《せいりがく》・医学賞《いがくしょう》、文学賞《ぶんがくしょう》、平和賞《へいわしょう》という5つの部門《ぶもん》に分《わ》かれています。

1968年《ねん》からは、スウェーデンの

アルフレッド・ノーベル
(1833〜1896年《ねん》)

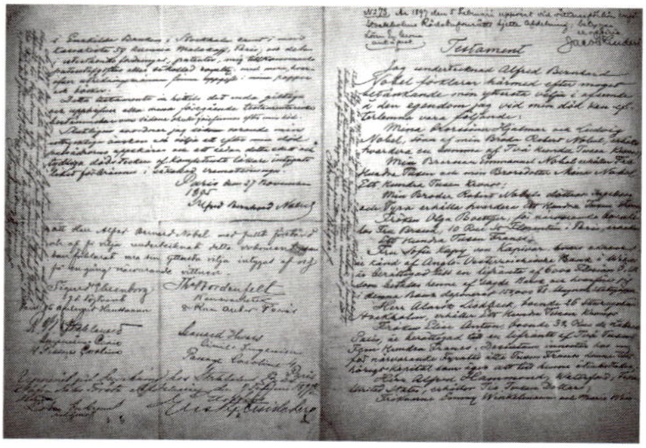

ノーベルの遺言書《ゆいごんしょ》

銀行《ぎんこう》によってノーベル経済学賞《けいざいがくしょう》もつくられました。

毎年《まいとし》10月《がつ》に受賞者《じゅしょうしゃ》が発表《はっぴょう》され、ノーベルの亡《な》くなった日《ひ》である12月10日《がつとおか》には授賞式《じゅしょうしき》が開催《かいさい》されます。現在《げんざい》でもノーベル賞《しょう》は、世界《せかい》でもっとも権威《けんい》ある賞《しょう》のひとつとされ、その年《とし》の受賞者《じゅしょうしゃ》に世界中《せかいじゅう》の注目《ちゅうもく》が集《あつ》まります。

ノーベル物理学賞《ぶつりがくしょう》の受賞者《じゅしょうしゃ》たち

レントゲンが受賞第《じゅしょうだい》1号《ごう》（1901年《ねん》）となった物理学賞《ぶつりがくしょう》は、物理学《ぶつりがく》の分野《ぶんや》での発展《はってん》に貢献《こうけん》した人《ひと》に授与《じゅよ》されます。受賞者《じゅしょうしゃ》は、世界各国《せかいかっこく》の高名《こうめい》な研究者《けんきゅうしゃ》がそれぞれに推薦《すいせん》する候補者《こうほしゃ》のなかからえらばれ、レントゲンは、29の推薦票《すいせんひょう》のうち、12票《ひょう》を集《あつ》めたといわれています。

放射線《ほうしゃせん》の研究《けんきゅう》をおこなったキュリー夫妻《ふさい》（1903年《ねん》。夫人《ふじん》は1911年《ねん》に化学賞《かがくしょう》も受賞《じゅしょう》）や、相対性理論《そうたいせいりろん》のアルバート・アインシュタイン（1921年《ねん》）など、受賞者《じゅしょうしゃ》はみな、物理学《ぶつりがく》の発展《はってん》になくてはならない功績《こうせき》を残《のこ》した人物《じんぶつ》ばかりです。

ノーベル物理学賞《ぶつりがくしょう》のメダルの表側《おもてがわ》

日本人《にほんじん》とノーベル賞《しょう》

ノーベル賞《しょう》を受賞《じゅしょう》した日本人《にほんじん》もおおぜいいます。特《とく》にレントゲンと同《おな》じ物理学賞《ぶつりがくしょう》で受賞者《じゅしょうしゃ》が多《おお》く、湯川秀樹《ゆかわひでき》（1949年《ねん》）、江崎玲於奈《えさきれおな》（1973年《ねん》）などのほか、近年《きんねん》では青色LED《あおいろエルイーディー》の赤﨑勇《あかさきいさむ》、天野浩《あまのひろし》、中村修二《なかむらしゅうじ》（2014年《ねん》）、ニュートリノ振動《しんどう》の梶田隆章《かじたたかあき》（2015年《ねん》）などがいます。

他《ほか》の分野《ぶんや》の受賞者《じゅしょうしゃ》では、化学賞《かがくしょう》の田中耕一《たなかこういち》（2002年《ねん》）、生理学《せいりがく》・医学賞《いがくしょう》の山中伸弥《やまなかしんや》（2012年《ねん》）、文学賞《ぶんがくしょう》の川端康成《かわばたやすなり》（1968年《ねん》）と大江健三郎《おおえけんざぶろう》（1994年《ねん》）や、平和賞《へいわしょう》の佐藤栄作《さとうえいさく》（1974年《ねん》）などが有名《ゆうめい》です。

湯川秀樹《ゆかわひでき》

（1907～1981年《ねん》）

基礎知識《きそちしき》
解説《かいせつ》

レントゲンをささえた人《ひと》びと

研究《けんきゅう》に生涯《しょうがい》をささげたレントゲンの力《ちから》になった人《ひと》びとを紹介《しょうかい》します。

アンナ・ベルタ・ルードウィヒ

1839年《ねん》生《う》まれ
1919年《ねん》没《ぼつ》

レントゲンが通《かよ》うポリテクニウムの近《ちか》くにあった居酒屋《いざかや》「緑盃軒《りょくはいけん》」の主人《しゅじん》の娘《むすめ》で、体《からだ》が弱《よわ》く病《やまい》がちでしたが、レントゲンとは、ともにハイキングに出《で》かけるなどして仲良《なかよ》くなり、1872年《ねん》に結婚《けっこん》。およそ50年《ねん》にわたり幸《しあわ》せな家庭《かてい》を築《きず》きました。

1919年《ねん》、レントゲンに見守《みまも》られながら亡《な》くなりましたが、レントゲンはその後《ご》も時《とき》おり妻《つま》の写真《しゃしん》に話《はな》しかけるなど、生涯愛情《しょうがいあいじょう》を失《うしな》いませんでした。

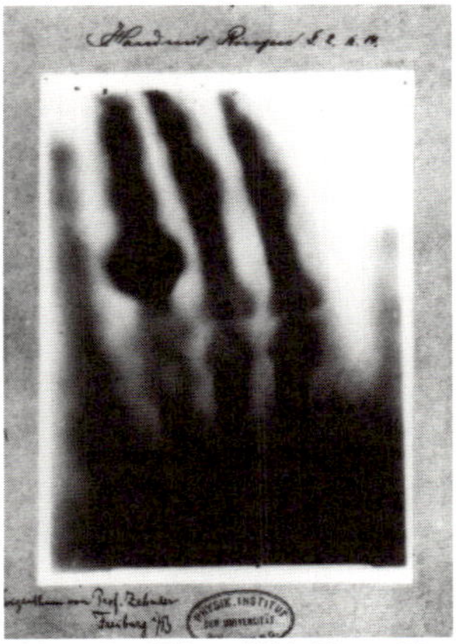
有名《ゆうめい》な手《て》と指輪《ゆびわ》のX線写真《エックスせんしゃしん》は、妻《つま》のベルタの手《て》を写《うつ》したものです。

ドイツのギーセンにあるレントゲンとベルタの墓《はか》
photo taken by Ralf Lotys

アウグスト・クント

1839年《ねん》生《う》まれ
1894年《ねん》没《ぼつ》

1868年《ねん》、29歳《さい》という若《わか》さでポリテクニウムの教授《きょうじゅ》に就任《しゅうにん》したクントは、光《ひかり》や音《おと》の性質《せいしつ》に関《かん》する研究《けんきゅう》で功績《こうせき》を残《のこ》した物理学者《ぶつりがくしゃ》です。

長年《ながねん》にわたってレントゲンを指導《しどう》したほか、真空中《しんくうちゅう》で磁力《じりょく》が光《ひかり》にあたえる影響《えいきょう》をあきらかにする実験《じっけん》を成功《せいこう》させるなどの成果《せいか》を残《のこ》しています。

フィリップ・レーナルト

1862年《ねん》生《う》まれ
1947年《ねん》没《ぼつ》

ドイツの物理学者《ぶつりがくしゃ》で、陰極線《いんきょくせん》の研究《けんきゅう》に使《つか》うガラス管《かん》を独自《どくじ》に改良《かいりょう》し、「レーナルト管《かん》」という器具《きぐ》をつくりました。レーナルト管《かん》は、それまでガラス管《かん》の内部《ないぶ》だけでしか観測《かんそく》できなかった陰極線《いんきょくせん》を外部《がいぶ》に出《だ》せるようにしたもので、レントゲンによるX線《エックスせん》発見《はっけん》のきっかけのひとつになりました。

またレーナルト本人《ほんにん》も、陰極線《いんきょくせん》の研究《けんきゅう》によって1905年《ねん》にノーベル物理学賞《ぶつりがくしょう》を受賞《じゅしょう》しています。

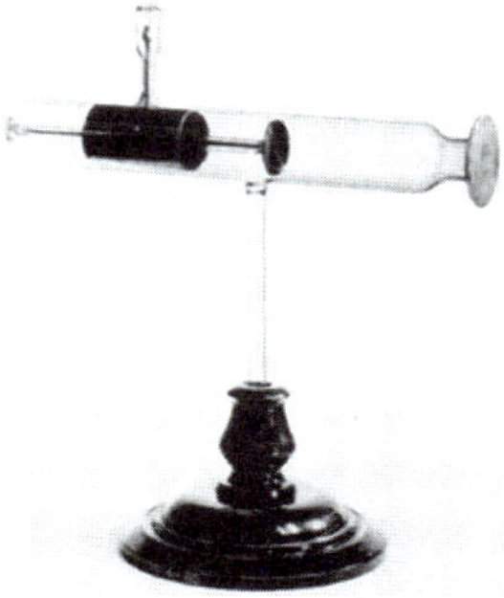

レーナルトが改良《かいりょう》した「レーナルト管《かん》」

基礎知識《きそちしき》
年表《ねんぴょう》

レントゲンの生《い》きた時代《じだい》

年表《ねんぴょう》の見方《みかた》
年齢《ねんれい》はその年《とし》の満年齢《まんねんれい》を表《あらわ》しています。

西暦《せいれき》	年齢《ねんれい》	レントゲンの生涯《しょうがい》	世界《せかい》と日本《にほん》の主《おも》な出来事《できごと》
1845年《ねん》		3月《がつ》27日《にち》、父《ちち》・フリードリヒ、母《はは》・シャルロッテの子《こ》として、プロイセン（現在《げんざい》のドイツ）のレンネップに生《う》まれる。	
1848年《ねん》	3歳《さい》	一家《いっか》でオランダのアペルドールンにうつりすむ。	フランスで、二月革命《にがつかくめい》がおこり、王制《おうせい》から共和制《きょうわせい》へかわる。
1862年《ねん》	17歳《さい》	オランダ、ユトレヒトの工芸学校《こうげいがっこう》に入学《にゅうがく》する。	
1863年《ねん》	18歳《さい》	このころ、教師《きょうし》をからかう似顔絵《にがおえ》を描《か》いたというぬれ衣《ぎぬ》をきせられ、工芸学校《こうげいがっこう》を退学《たいがく》になる。	アメリカで、奴隷解放宣言《どれいかいほうせんげん》が出《だ》される。
1865年《ねん》	20歳《さい》	1月《がつ》、大学入学資格試験《だいがくにゅうがくしかくしけん》を受《う》けるが不合格《ふごうかく》となる。11月《がつ》、スイス、チューリヒのポリテクニウムに無試験《むしけん》で入学《にゅうがく》する。	
1866年《ねん》	21歳《さい》	このころ、アンナ・ベルタと出《で》あう。	

1868年《ねん》	23歳《さい》	クント教授《きょうじゅ》が、ポリテクニウムに赴任《ふにん》する。	日本《にほん》で、年号《ねんごう》が明治《めいじ》になる。
1869年《ねん》	24歳《さい》	チューリヒ大学《だいがく》の博士号《はくしごう》を得《え》る。ベルタと婚約《こんやく》する。	スエズ運河《うんが》が開通《かいつう》する。アメリカ大陸《たいりく》を横断《おうだん》する鉄道《てつどう》が開通《かいつう》する。
1870年《ねん》	25歳《さい》	クント教授《きょうじゅ》の助手《じょしゅ》として、現在《げんざい》のドイツ、バイエルンのビュルツブルク大学《だいがく》に赴任《ふにん》する。『物理化学年報《ぶつりかがくねんぽう》』に、論文《ろんぶん》が掲載《けいさい》される。	普仏戦争《ふふつせんそう》がおこる。
1872年《ねん》	27歳《さい》	1月《がつ》、ベルタと結婚《けっこん》する。4月《がつ》、クント教授《きょうじゅ》の助手《じょしゅ》として、ドイツ、アルザス・ロレーヌのストラスブール大学《だいがく》に赴任《ふにん》する。	日本《にほん》の教育者《きょういくしゃ》、福沢諭吉《ふくざわゆきち》が『学問《がくもん》のすゝめ』を出版《しゅっぱん》する。
1874年《ねん》	29歳《さい》	大学教授《だいがくきょうじゅ》になる資格《しかく》を得《え》る。	
1875年《ねん》	30歳《さい》	数学《すうがく》と物理学《ぶつりがく》の教授《きょうじゅ》として、ドイツのホーエンハイム農科大学《のうかだいがく》に赴任《ふにん》する。	
1876年《ねん》	31歳《さい》	物理学《ぶつりがく》の助教授《じょきょうじゅ》として、ストラスブール大学《だいがく》にもどる。	日本《にほん》の科学者《かがくしゃ》、野口英世《のぐちひでよ》が生《う》まれる。
1879年《ねん》	34歳《さい》	物理学《ぶつりがく》の主任教授《しゅにんきょうじゅ》として、ドイツのギーセン大学《だいがく》に赴任《ふにん》する。	アメリカの発明家《はつめいか》、エジソンが電灯《でんとう》を発明《はつめい》する。

西暦《せいれき》	年齢《ねんれい》	レントゲンの生涯《しょうがい》	世界《せかい》と日本《にほん》の主《おも》な出来事《できごと》
1880年《ねん》	35歳《さい》	母《はは》・シャルロッテが亡《な》くなる。	
1884年《ねん》	39歳《さい》	父《ちち》・フリードリヒが亡《な》くなる。	
1887年《ねん》	42歳《さい》	妻《つま》・ベルタの姪《めい》であるヨゼフィネ・ベルタ（愛称《あいしょう》ベルテイリイ）を養女《ようじょ》にする。	
1888年《ねん》	43歳《さい》	物理学《ぶつりがく》の主任教授《しゅにんきょうじゅ》として、ビュルツブルク大学《だいがく》に赴任《ふにん》する。	
1894年《ねん》	49歳《さい》	5月《がつ》、クント教授《きょうじゅ》が亡《な》くなる。 6月《がつ》、ビュルツブルク大学《だいがく》の学長《がくちょう》になる。	日清戦争《にっしんせんそう》がおこる。
1895年《ねん》	50歳《さい》	11月8日《がつようか》、陰極線《いんきょくせん》の実験中《じっけんちゅう》に、蛍光板《けいこうばん》を光《ひか》らせる未知《みち》の線《せん》を発見《はっけん》する。 12月《がつ》22日《にち》、発見《はっけん》した未知《みち》の線《せん》について、妻《つま》・ベルタに打《う》ちあけ、ベルタの手《て》のX線撮影《エックスせんさつえい》をおこなう。 12月《がつ》28日《にち》、「X線《エックスせん》」と名《な》づけた未知《みち》の線《せん》の発見《はっけん》を報告《ほうこく》する論文《ろんぶん》（第《だい》1報《ぽう》）を、ビュルツブルク物理医学協会《ぶつりいがくきょうかい》に提出《ていしゅつ》する。	

1896年《ねん》	51歳《さい》	1月1日《がつついたち》、X線《エックスせん》発見《はっけん》を報告《ほうこく》した論文《ろんぶん》が、ビュルツブルク物理《ぶつり》医学協会《いがくきょうかい》の年報《ねんぽう》に掲載《けいさい》される。 1月5日《がついつか》、X線発見《エックスせんはっけん》のニュースが、はじめて新聞《しんぶん》で報《ほう》じられる。 1月《がつ》12日《にち》、ドイツ皇帝《こうてい》・ウィルヘルム2世《せい》の前《まえ》で講義《こうぎ》をおこなう。 1月《がつ》23日《にち》、ビュルツブルク大学《だいがく》で、最初《さいしょ》で最後《さいご》の公開講演《こうかいこうえん》をおこなう。 2月《がつ》12日《にち》、ビュルツブルク大学《だいがく》の学生《がくせい》たちが、X線《エックスせん》の発見《はっけん》をたたえる行進《こうしん》をおこなう。 3月3日《がつみっか》、ビュルツブルク大学《だいがく》から名誉医学博士号《めいよいがくはくしごう》をおくられる。 3月9日《がつここのか》、X線《エックスせん》についての追加論文《ついかろんぶん》（第《だい》2報《ほう》）を書《か》きあげる。 3月10日《がつとおか》、休暇《きゅうか》のため、イタリア旅行《りょこう》に出発《しゅっぱつ》する。 4月《がつ》、イタリア旅行《りょこう》からもどる。	スウェーデンの化学者《かがくしゃ》、ノーベルが亡《な》くなる。 日本《にほん》の作家《さっか》、宮沢賢治《みやざわけんじ》が生《う》まれる。
1897年《ねん》	52歳《さい》	3月《がつ》、X線《エックスせん》についての追加論文《ついかろんぶん》（第《だい》3報《ほう》）を書《か》きあげる。	

西暦《せいれき》	年齢《ねんれい》	レントゲンの生涯《しょうがい》	世界《せかい》と日本《にほん》の主《おも》な出来事《できごと》
1900年《ねん》	55歳《さい》	4月《がつ》、物理学《ぶつりがく》の主任教授《しゅにんきょうじゅ》として、ドイツのミュンヘン大《だい》学《がく》に赴任《ふにん》する。	日本《にほん》の外交官《がいこうかん》、杉原千畝《すぎはらちうね》が生《う》まれる。
1901年《ねん》	56歳《さい》	12月10日《がつとおか》、スウェーデンのストックホルムで、第《だい》1回《かい》ノーベル物理学賞《ぶつりがくしょう》を受賞《じゅしょう》する。	
1904年《ねん》	59歳《さい》	ミュンヘンの南《みなみ》にある町《まち》、ワイルハイムに別荘《べっそう》を購入《こうにゅう》し、たびたび訪《おとず》れる。	
1909年《ねん》	64歳《さい》	ビュルツブルクの通《とお》りのひとつが「レントゲン通《どお》り」と名《な》づけられる。ワイルハイムの名誉町民《めいよちょうみん》となる。	
1914年《ねん》	69歳《さい》	8月《がつ》、ドイツが、第一次世界大戦《だいいちじせかいたいせん》に突入《とつにゅう》する。	
1918年《ねん》	73歳《さい》	11月《がつ》11日《にち》、ドイツが、連合国《れんごうこく》と休戦協定《きゅうせんきょうてい》を結《むす》び、第一次《だいいちじ》世界大戦《せかいたいせん》が終結《しゅうけつ》する。	日本《にほん》で、米騒動《こめそうどう》が全国《ぜんこく》に広《ひろ》がる。

1919年《ねん》	74歳《さい》	10月《がつ》31日《にち》、妻《つま》・ベルタが亡《な》くなる。	
1920年《ねん》	75歳《さい》	3月《がつ》、ミュンヘン大学《だいがく》を辞任《じにん》し、名誉教授《めいよきょうじゅ》となる。レンネップで、生家《せいか》に記念《きねん》の銘板《めいばん》がかざられ、通《とお》りのひとつが「レントゲン通《どお》り」と名《な》づけられる。ビュルツブルクの名誉市民《めいよしみん》となる。	
1922年《ねん》	77歳《さい》	夏《なつ》、友人《ゆうじん》の医師《いし》に誘《さそ》われ、スイスのポントレジーナへ旅行《りょこう》する。	
1923年《ねん》	78歳《さい》	2月10日《がつとおか》、ミュンヘンの自宅《じたく》で亡《な》くなる。11月10日《がつとおか》、ギーセンのレントゲン家《け》の墓地《ぼち》に、遺骨《いこつ》が埋葬《まいそう》される。	
1928年《ねん》		ビュルツブルク大学《だいがく》に、「レントゲン記念室《きねんしつ》」が開設《かいせつ》される。	パリで、不戦条約《ふせんじょうやく》が結《むす》ばれる。
1932年《ねん》		レンネップに、「レントゲン博物館《はくぶつかん》」が開館《かいかん》する。	日本《にほん》で、五《ご》・一五事件《いちごじけん》がおこる。
1934年《ねん》		ポントレジーナに、「レントゲン広場《ひろば》」がつくられる。	

参考文献

『孤高の科学者 W.C.レントゲン』

山崎岐男著　医療科学社

『X線の発見者 レントゲンの生涯』

W.Robert Nitske著　山崎岐男訳　考古堂書店

『レントゲンの生涯 X線発見の栄光と影』

山崎岐男著　富士書院

『病いと癒しの人間史 ペストからエボラウイルスまで』

岡田晴恵著　日本評論社

『人類を変えた 科学の大発見』

小谷太郎著　中経出版

『医学のひみつ』

茨木 保監　鵜りつき画　学研教育出版

『ノーベル賞100年のあゆみ1 ノーベル賞とはなにか』

戎崎俊一監　ポプラ社

『ノーベル賞100年のあゆみ2 ノーベル物理学賞』

戎崎俊一監　ポプラ社

『世界伝記全集36 レントゲン』

山本大二郎著　講談社

漫画：フカキ ショウコ（ふかき·しょうこ）

漫画家。著書に『源流武闘伝-ORIGIN-』（ソフトバンククリエイティブ）、『コミック版ルパン＆ホームズ　シャーロック・ホームズ　赤毛連盟／まだらの紐』、『コミック版ルパン＆ホームズ　シャーロック・ホームズ　緋色の研究』（いずれもコナン・ドイル原作／ポプラ社）、『コミック版 世界の伝記35　ゴッホ』（ポプラ社）、『ガーディアン・ドッグ』（白川晶原作／ジャイブ）、『RE：BORN～仮面の男とリボンの騎士～』（手塚治虫原作／集英社）など。小説挿絵に『三国志』（神楽坂淳作／集英社みらい文庫）がある。ウェブサイト「リイドカフェ」にて「麺'sボーイズ」を連載中。

監修：岡田 晴恵（おかだ·はるえ）

医学博士。厚生労働省国立感染症研究所ウイルス第三部研究員などをへて、現在、白鷗大学教育学部教授。著書に『人類vs感染症』（岩波ジュニア新書）、『感染爆発にそなえる—新型インフルエンザと新型コロナ』（共著、岩波書店）、『強毒型インフルエンザ』（PHP新書）、『なぜ感染症が人類最大の敵なのか？』（ベスト新書）、『感染症とたたかった科学者たち』（岩崎書店）、『うつる病気のひみつがわかる絵本シリーズ』（ポプラ社）、『学校の感染症対策』（東山書房）、『病いと癒しの人間史　ペストからエボラウイルスまで』（日本評論社）ほか多数。学習教材として、『感染症カルタ』（奥野かるた店）の開発も手掛ける。

物理学監修：田原 周太（たはら·しゅうた）

物理学者。琉球大学理学部物理系・准教授。専門は液体やガラス物質のような複雑系を対象とする不規則系物理学。2016年、日本物理学会より第10回若手奨励賞を受賞。同年、琉球大学より平成27年度プロフェッサー・オブ・ザ・イヤーを受賞。

本文・見返しイラスト／ank
編集協力／鈴木丈二（manic）
デザイン協力／株式会社ウエイド

コミック版　世界の伝記㊴
レントゲン

2018年 3 月　第1刷
2021年11月　第5刷

漫　画　フカキ ショウコ
発行者　千葉 均
編　集　勝屋 圭
発行所　株式会社ポプラ社
〒102-8519　東京都千代田区麹町 4-2-6

ホームページ　www.poplar.co.jp

印刷・製本　図書印刷株式会社

ISBN978-4-591-15818-0　N.D.C.289　126 p　23cm　Printed in Japan

P7107039

特許《とっきょ》など、必要《ひつよう》ありません。
私《わたし》はX《エックス》線《せん》を発明《はつめい》したわけではない。

ある仕事《しごと》がその人《ひと》に
向《む》いているかどうかは、

私《わたし》だって、最初《さいしょ》に
この現象《げんしょう》を見《み》たとき
錯覚《さっかく》だと思《おも》った
くらいだ。

学生《がくせい》を
甘《あま》やかしては
いけません。
ひとりひとりが、
苦境《くきょう》のなかから
自分自身《じぶんじしん》の道《みち》を
見《み》つけていくべき